Workbook

French

Intermediate

Estelle Demontrond-Box

About this workbook

With 180 exercises divided into 15 chapters, this book will give you the opportunity to carry out a systematic and progressive revision of the French grammar basics, from pronunciation and punctuation balancing tenses.

This easy-to-use workbook has been designed specifically for intermediate learners in French. It includes 180 fun-filled exercises (with answers) which follow a logical progression. Every aspect of the language has been covered, including pronunciation, accentuation, spelling, vocabulary, syntax and grammar.

Finally, this book will allow you to carry out a self-assessment; you will be able to fill in your icon's expression after each exercise (☺ for mostly correct, 😐 for approximately half correct or 😞 for less than half). You will then be able to carry forward the number of icons for all of these exercises at the end of each chapter and add them all up using the table provided for that purpose at the end of the book.

Contents

1. Pronunciation & punctuation 3

2. Nouns (gender and number) & articles (definite, indefinite and partitive) 12

3. Pronouns ("en", "y", disjunctive, relative) 21

4. The imperfect indicative & the present conditional tenses 30

5. Direct & indirect speech 39

6. Impersonal verbs & expressions 46

7. Indefinite adjectives & pronouns 53

8. The passive voice 59

9. More on prepositions 65

10. The pluperfect indicative 71

11. The past historic tense 77

12. Demonstrative adjectives & pronouns 85

13. The simple future tense & the future perfect tense ... 91

14. Balancing tenses — *La concordance des temps* 99

15. Review 108

Answers 119

Self-assessment 128

Pronunciation & punctuation

Transcription used in this workbook

French sound	English equivalent
s<u>a</u>, l<u>à</u>, f<u>e</u>mme	[a] An [a] in between p<u>a</u>t and f<u>a</u>ther
<u>â</u>ne, b<u>a</u>s	[a:] Same as above but slightly longer
th<u>é</u>, s<u>es</u>	[ay] as in s<u>ay</u>
bag<u>ue</u>tte, ch<u>ai</u>se, ouv<u>e</u>rt	[eh] as in b<u>e</u>st
<u>î</u>le, s<u>i</u>	[ee] as in b<u>ee</u>t
h<u>o</u>mme	[o] as in s<u>o</u>re
dr<u>ô</u>le, bat<u>eau</u>	[oh] as in l<u>oa</u>d
<u>où</u>, p<u>our</u>	[oo] as in f<u>oo</u>d
m<u>e</u>, p<u>eu</u>	[uh] as in <u>a</u>bout (rounded [eh] sound)
j<u>eu</u>ne, s<u>œu</u>r	[uh:] as in l<u>ei</u>sure (rounded [ay] sound)
t<u>u</u>	[ew] Tightly purse the lips while pronouncing the sound [ee]
<u>ou</u>est, <u>ou</u>i	[w] as in <u>w</u>et, <u>w</u>allaby, <u>w</u>eek
<u>y</u>eux, bi<u>ll</u>et	[y] as in <u>y</u>es
trav<u>ail</u>	[a]-[ee] as in f<u>igh</u>t
ab<u>eille</u>	[eh]-[ee] as in l<u>aye</u>r
poli<u>cier</u>	[ee]-[ay] as in b<u>eer</u> + s<u>ay</u> = *yay*
bi<u>ère</u>	[ee]-[eh] as in b<u>eer</u> + f<u>air</u> = *yeh*
vi<u>eux</u>	[ee]-[uh] = *yuh* as in stad<u>ium</u>
gren<u>ouille</u>	[oo]-[ee] as in f<u>oo</u>d + b<u>eer</u>
f<u>euille</u>	[uh]-[ee] as in butt<u>er</u> + b<u>eer</u>
n<u>ui</u>t	[ew]-[ee] as in f<u>ew</u> + w<u>ee</u>k, but said quickly so it sounds a bit like [wee]
<u>b</u>alle	[b] as in <u>b</u>all
<u>c</u>arte, <u>k</u>a<u>k</u>i, <u>qu</u>art	[k] as in <u>c</u>at
<u>ch</u>ou, <u>sh</u>ampooing	[sh] as in bu<u>sh</u>

French sound	English equivalent
danse	[d] as in dot
frère, photo	[f] as in father
garage	[g] as in garage
jour	[jz] as in vision
homme	The h is silent
lampe	[l] as in lamp
mère	[m] as in mother
nez	[n] as in near
ligne	[ny] as in canyon
père	[p] as in pot
rouge	[r] Guttural r as in the Scottish loch
sous, place, ça, option, dix	[s] as in sit
tortue	[t] as in turtle
vert	[v] as in verb
taxi	[ks] as in taxi
zéro, dix-huit, vase	[z] as in zoo
Vowels or diphthongs* followed by 'n' or 'm': blanc, champ, embrasse / son / vin / loin	Also known as nasal vowels and diphthongs. Pronounce the vowel as if it was followed by the sound 'ng': [ah^n], [oh^n], [a^n], [wa^n] etc.

* a **diphthong** is a sound formed by the combination of two vowels in a single syllable, in which the sound begins as one vowel and moves towards another.

1 Use the phonetic transcription above to write the French words and expressions and write their English translation.

a. [oh ruhvwar] → .... → ....

b. [salew] → .... → ....

c. [bya^{n}vuhnew] → .... → ....

d. [a bya^{n}toh] → .... → ....

e. [muhsee-uh] → .... → ....

f. [jzuh mapehl] → .... → ....

g. [bon new-ee] → .... → ....

Cultural stop

La bise (*cheek air kissing*) is a very common way to greet someone in France. You can use the **bise** to say hello to people you know well or feel comfortable with. It is actually not a real kiss but rather a light graze on the cheek accompanied by a kissing sound. The number of kisses and the starting side depend on the region you are in.

2 Write the phonetic transcription of the following French words using the table above and write their English translation.

a. Madame → .... → ....

b. Ça va → .... → ....

c. Coucou → .... → ....

d. Bonsoir → .... → ....

e. À demain → .... → ....

f. Allô → .... → ....

g. Bonne journée → .... → ....

Punctuation (*La ponctuation*)

L'apostrophe [lapostrof]	*The apostrophe*
Les deux-points [lay duh: pwa^n]	*The colon*
Les guillemets [lay geeymeh]	*The quotation marks*
Le point [luh pwa^n]	*The full stop*
Le point d'exclamation [luh pwa^n dehksklamasyoh^n]	*The exclamation mark*
Le point d'interrogation [luh pwa^n da^{n}tehrogasyoh^n]	*The question mark*
Le point-virgule [luh pwa^n veergewl]	*The semicolon*
La virgule [la veergewl]	*The comma*

3 Match each punctuation mark with its French name.

: •   • Le point-virgule

« » •   • Le point

, •   • Le point d'exclamation

. •   • Les deux-points

? •   • Les guillemets

! •   • La virgule

; •   • Le point d'interrogation

The comma *(La virgule)*

In French, the comma is used as a pause-marker, to separate elements of a similar nature (such as lists, complements, clauses) or to stress one element in the sentence.

It is also used as a decimal point. For example, *2.5* in English is **2,5** in French. It is not, however, used for thousands or larger numbers, where a space or a full stop are used instead: *2,500* in English is **2 500** or **2.500** in French.

A comma is always used in front of **etc.** (**J'ai visité des capitales : Paris, Londres, Madrid, etc.**): and generally in front of **mais** (**Rachid voulait aller au marché, mais sa sœur préferait rester à la maison.**) except when the coordinated segments are short (**Sylviane est gentille mais bavarde.**) If the serial comma is optional and can therefore be used in English, it is never used in French. There is no comma before **et**: **J'ai mangé un croissant, une pomme et un yaourt.**

Note: when two sentences are joined by the coordinating cunjunctions **et** or **ou**, the comma usually disappears: **Elle aime les maths et elle adore l'E.P.S.** There is no comma either with **ni**, except if it appears more than twice: **Tu ne parles ni l'italien ni le portugais.** But: **Elle ne parle ni l'italien, ni l'espagnol, ni l'allemand.**

4 Write commas if and where needed in the following sentences.

a. Elle joue au football et au tennis.

b. Je ne veux ni sucre ni lait dans mon café merci.

c. Il y a environ 68 000 spectateurs dans le stade aujourd'hui.

d. Carole et Lou ne jouent ni du violon ni de la flûte ni du piano.

e. Nous avons vu Sophie, Carlos et Paulette.

f. Les tomates ont augmenté de 3,5 %.

g. Tu es déjà allé en Espagne mais tu n'es jamais allé au Portugal ?

The apostrophe *(L'apostrophe)*

Apostrophes are used to replace vowels so as to ease pronunciation. An apostrophe is always placed in front of a vowel or a silent **h** and never in front of a consonant. For example, if a noun or adjective starts with a vowel, **l'** will be used instead of **le** or **la**: **La + histoire → L'histoire**; **Le + éléphant → L'éléphant**.

When the letter *h* is aspirate (as in **Hollande** or **haricot**), the apostrophe cannot be used: **La Hollande**; **le haricot**.

The apostrophe is also used with personal pronouns (such as **je**, **me** and **te**) in front of a vowel or silent **h**; with **ça/ce** before **est**; and with the negation **ne** before a vowel.

 **Replace the letters with an apostrophe when needed in the following sentences.**

a. Tous les soirs, je écoute de la musique.

b. Ce est la fin de le automne. Le hiver sera bientôt là !

c. Parle plus fort ! Il ne te entend pas !

d. Il ne arrivera pas avant huit heures ce soir.

e. Le chien de Arthur a disparu !

f. Je irai en Grèce mais je ne irai pas en Espagne.

The hyphen *(Le trait d'union)*

In French, the hyphen is used when a word is composed of two or more elements, to show a link between those words or parts of words. It can be found in compound words (**grand-père**), in hyphenated names (**Marie-France**), in set expressions (**c'est-à-dire**, *that is to say*), with the imperative (**vas-y**, **attends-moi**), with inversions (**peux-tu**, **irez-vous**), and with prefixes (**non-fumeur**).

With numbers, it is used between tens and units (**856 = huit cent cinquante-six**).

Revision: Fill in the blanks.

Cardinal numbers *(Les nombres cardinaux)*

1	un / une		5	cinq
2	deux		6	six
3	trois		7	sept
4	quatre		8	huit

9	....	71	soixante et onze
10	dix	72	soixante-douze
11	onze	73	soixante-treize
12	douze	74	soixante-quatorze
13	treize	75	soixante-quinze
14	....	76	....
15	quinze	77	soixante-dix-sept
16	seize	78	soixante-dix-huit
17	....	79	soixante-dix-neuf
18	dix-huit	80	quatre-vingts
19	dix-neuf	81	quatre-vingt-un
20	vingt	82	....
21	....	90	quatre-vingt-dix
22	vingt-deux	91	quatre-vingt-onze
30	trente	92	quatre-vingt-douze
31	trente et un	100	cent
32	trente-deux	101	cent un
40	quarante	102	cent deux
41	quarante et un	200	....
42	quarante-deux	201	deux cent un
50	cinquante	202	deux cent deux
51	cinquante et un	1000	mille
52	cinquante-deux	2000	deux mille
60	soixante	2001	deux mille un
61	soixante et un	2002	deux mille deux
62	soixante-deux	100 000	cent mille
70	....	1 000 000	un million

7 Complete the following rules for cardinal numbers.

a. There is a hyphen between .... and units except where the coordinating conjunction .... is used (only with number 1).

b. In French, you only add an .... to twenties and .... when there is another number before them and if they are not followed by another number (**quatre-vingts** but **quatre-vingt-deux**; **deux cents** but **deux cent vingt**).

c. Mille (*one thousand*) never takes an .... It is ....

d. Numbers used on their own are .... in gender (**Je serai en France le 6 et le 11 avril**).

e. .... is the only cardinal number that agrees with a noun in gender (..................... **sucre** – .... **tomate**).

f. Though we say "one hundred" and "one thousand" in English, **cent** and **mille** are never preceded by ....

The plural form of hyphenated words (Le pluriel des mots composés)

Compound form		Examples
Noun + Noun Adjective + Adjective Noun + Adjective	Both plural	**Des bateaux-mouches**, *riverboats* **Des sourds-muets**, *deaf people* **Des grands-parents**, *grandparents*
Adverb + Noun Invariable + Noun Preposition + Noun Verb + Noun	Only noun takes the plural	**Des arrière-cours**, *backyards* **Des non-lieux**, *dismissals charges* **Des en-têtes**, *headings* **Des couvre-lits**, *bedspreads*
Verb + Verb	No change / Invariable	**Des laissez-passer**, *passes*
Noun + Preposition + Noun	Only first noun takes the plural	**Des arcs-en-ciel**, *rainbows*

Note: There are, of course, many exceptions!

8 Use the phonetic transcription above to write the French words and expressions and write their English translation.

a. Un savoir-faire → des .... → ....

b. Un chou-fleur → des .... → ....

c. Une belle-fille → des .... → ....

d. Un après-midi → des .... → ....

e. Un tire-bouchon → des .... → ....

f. Un chef-d'œuvre → des .... → ....

Quotation marks *(Les guillemets)*

French quotation marks « » are used rather than the English quotation marks " ".

They may be used to emphasize a word, to indicate the beginning and the end of a title, quotation or dialogue, or to introduce speech. They are often preceded by a colon.

Note: Inverted commas are not used on either side of a break within direct speech (« **Regardez, dit-il soudain, il pleut !** »). They are followed and preceded by a non-breakable space.

Note how to say: *Quote,* **Ouvrez les guillemets** – *Unquote,* **Fermez les guillemets**.

9 Insert quotation marks where and if required in the following sentences.

a. Jacques a dit : Tu dois aller te coucher.

b. Je lui ai dit de parler plus fort.

c. Ah oui, je vois… Il a encore oublié de faire ses devoirs !

d. Le dernier livre de Philippe Labro s'intitule *Ma mère, cette inconnue.*

e. Je ne comprends pas le mot îlet dans cette phrase.

Guess the translation of the following French expressions that refer to punctuation by matching them to their English counterparts.

Un point c'est tout
(lit.> *A full stop that's all*)

Mettre les points sur les i
(lit.> *to put the dots on the Is*)

Entre parenthèses
(lit.> *between parenthesis/brackets*)

Ouvrir une parenthèse
(lit.> *to open a parenthesis*)

À la virgule près
(lit.> *down to the comma*)

C'est là le point d'interrogation.
(lit.> *There is the question mark*)

• *To digress*

• *Word for word*

• *To spell things/it out*

• *That's all there is to it.*

• *This is the $64,000 question.*

• *On hold / aside / by the way*

Congratulations!
You have completed chapter 1!
It is now time to add up the icons
and write the results on page 128
for your final assessment.

2
Nouns (gender and number)
& articles (definite, indefinite and partitive)

The gender of nouns *(Le genre des noms)*

In French, all nouns are either masculine or feminine. You should always learn the gender of a new noun.

Male people or creatures are usually masculine, female ones feminine: **Un homme**, *a man* – **Une femme**, *a woman* – **Le** père, *the father* – **La** mère, *the mother* – **Le chien**, *the dog/male* – **La chienne**, *the dog/female*.

Some words, such as jobs, are either masculine or feminine, depending on whether the person you are talking about is a male or a female: **Le chanteur** *(man)* / **La chanteuse** *(woman)*.

In general, the feminine form is made by adding an –**e** to the masculine noun. But some nouns' endings undergo a more drastic change: -er → -ère; -en → -enne; -an → -anne; -on → -onne; -eur → -euse; -at → -atte; -f → -ve; -x → -se.

Others, especially nouns referring to occupations, remain in a masculine form whether referring to a man or a woman. For some of these, the article may change (**un/une élève**, *a pupil*), but for others, the article stays masculine even when referring to a woman (**un médecin,** *a doctor*).

1 Are the following words masculine, feminine or both? Tick the right answer.

	F	M	F/M
a. Grand-père	☐	☐	☐
b. Avocate	☐	☐	☐
c. Chatte	☐	☐	☐
d. Secrétaire	☐	☐	☐
e. Cousin	☐	☐	☐
f. Frère	☐	☐	☐
g. Sœur	☐	☐	☐
h. Élève	☐	☐	☐

Jobs (Les métiers)

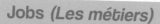

Un architecte [arsheetehkt] / **Une architecte**	*An architect*
Un artisan [arteezah^n] / **Une artisane** [arteezan]	*A craftsman / A craftswoman*
Un artiste [arteest] / **Une artiste**	*An artist*
Un charpentier [sharpah^{n}tee-ay] / **Une charpentière** [sharpah^{n}tee-ehr]	*A carpenter*
Un enseignant [ah^{n}sehnyah^n] / **Une enseignante** [ah^{n}sehnyah^{n}t]	*A teacher*
Un gérant [jzayrah^n] / **Une gérante** [jzayrah^{n}t]	*A manager*
Un informaticien [a^{n}formateesya^n] / **Une informaticienne** [a^{n}formateesee-ehn]	*A computer scientist*
Un ingénieur [a^{n}jzaynee-uhr] / **Une ingénieure**	*An engineer*
Un journaliste [jzoornaleest] / **Une journaliste**	*A journalist*
Un mécanicien [maykaneesya^n] / **Une mécanicienne** [maykaneesee-ehn]	*A mechanic*
Un médecin [maydsa^n] / **Un médecin**	*A doctor*
Un plombier [plohnbee-ay] / **Une plombière** [plohnbee-ehr]	*A plumber*
Un pompier [poh^{n}pee-ay] / **Une pompière** [poh^{n}pee-ehr]	*A fireman / A firewoman*
Un psychologue [pseekolog] / **Une psychologue**	*A psychologist*

Note: In French, you do not use the indefinite article when describing someone's job. Observe: *He is a teacher.* = **Il est Ø enseignant.**

2 Write the masculine or feminine forms of the following jobs as needed.

a. Un artiste   → Une ....

b. Une mécanicienne → Un ....

c. Un psychologue   → ....

d. Une gérante   → ....

e. Un artisan   → ....

f. Un informaticien → ....

g. Une plombière   → ....

3 Translate the following sentences into French.

a. I am a psychologist. (F) → ....

b. She is a doctor.   → ....

c. You are a carpenter. (M) → ....

d. I am an engineer. (F)   → ....

e. You are a craftswoman. → ....

f. He is a journalist.   → ....

The number of nouns (Le nombre des noms)

- To form the plural (P) of a noun, you just need to add an **-s** to the end of the singular form of the noun: **une fille** → **des filles**.
- If the noun ends in **-s**, **-x** or **-z**, then there is no difference between the singular and plural forms: **le fils** → **les fils** ; **la croix** → **les croix** ; **le nez** → **les nez**.
- Nouns ending in **-al** and some in **-ail** in the singular end in **-aux** in the plural: **le cheval** → **les chevaux** ; **le travail** → **les travaux**.
- If the noun ends in **-eu**, **-au** or **-eau**, the plural form ends in **-x**: **le lieu** → **les lieux** ; **le noyau** → **les noyaux** ; **le château** → **les châteaux**.

4 Write the plural form of the following singular nouns.

a. Un pays → des ....

b. Un animal → des ....

c. Un cheveu → des ....

d. Une voix → des ....

e. Une chambre → des ....

f. Un canal → des ....

g. Un bateau → des ....

5 Place the plural forms of the following nouns in the right columns as shown in the example.

cadeau   neveu   **maison**   **bras**   **jour**   local   manteau   enfant

hôpital   bureau   **cheval**   **dos**   **fois**   journal   jeu

Plural in -s	Plural same as singular	Plural in -aux	Plural in -x
			cadeaux

Definite articles (Les articles définis)

The definite article "*the*" has four forms in French. The form of the definite article varies according to the word it precedes:

Le before a masculine noun: **le père**
La before a feminine noun: **la mère**
L' before a singular noun starting with a vowel or a silent [*h*]: **l'enfant**, **l'hôtel**
Les before a plural noun: **les parents**

Gender	Singular	Plural
Masculine	**le, l'**	**les**
Feminine	**la, l'**	**les**

Family *(La famille)*

La mère [mehr]	The mother			
Le père [pehr]	The father	**La tante** [tahⁿt]	The aunt	
Le frère [frehr]	The brother	**Le grand-père** [grahⁿpehr]	The grandfather	
La sœur [suhr]	The sister			
Le fils [fees]	The son	**La grand-mère** [grahⁿmehr]	The grandmother	
Le cousin [koozaⁿ]	The cousin (male)	**La cousine** [koozeen]	The cousin (female)	
Les enfants [zahⁿfahⁿ]	The children			
		Les parents [parahⁿ]	The parents	
Les grands-parents [grahⁿparahⁿ]	The grandparents	**Les petits-enfants** [puhteezahⁿfahⁿ]	The grandchildren	
Le neveu [nuhvuh:]	The nephew			
Le mari [maree] / **L'époux** [aypoo]	The husband	**La nièce** [nyehs]	The niece	
		La femme [fam] / **L'épouse** [aypoos]	The wife	
La fille [fee-y]	The daughter			
L'oncle [ohⁿkl]	The uncle			

6 Circle the correct definite article.

a. Le / La / L' / Les oncle de Sophie a 45 ans.

b. Le / La / L' / Les enfants de Joseph sont très bruyants (= *noisy*).

c. Le / La / L' / Les épouse de Lucas est très gentille.

d. Le / La / L' / Les cousine de Karine est vraiment jolie.

e. Le / La / L' / Les mari de Claudette n'est pas grand.

f. Le / La / L' / Les fille de Martine a deux chiens et un chat.

"De" to express possession *(Exprimer la possession avec « de »)*

In French, « **De** » is used when talking about relatives, acquaintances or possessions. It replaces the English apostrophe between the two nouns. Observe, however, the difference in construction between the two languages: *Lydie's father*, **le père de Lydie**. The object comes first and the owner comes last.

7 Match the French word to its English counterpart.

Le neveu •   • *The son*

La femme •   • *The children*

Le fils •   • *The aunt*

L'époux •   • *The nephew*

Les enfants •   • *The sister*

La tante •   • *The husband*

La sœur •   • *The uncle*

L'oncle •   • *The wife*

8 Translate the following sentences into French.

a. It is Julia's house. → ....

b. It is Édouard's dog. → ....

c. Mathias is Murielle's brother.

→ ....

d. Louise's nephews are Camille's cousins.

→ ....

e. Nicolas's grandfather is Louis's father.

→ ....

Indefinite articles *(Les articles indéfinis)*

Un, **une** and **des** are indefinite articles. **Un** is used in front of a masculine noun; **une** in front of a feminine noun; and **des** in front of a plural.

Un or **une** cannot be used when introducing someone's occupation or religion (except after **c'est**: **C'est** <u>un</u> **bon coiffeur.** → *He is <u>a</u> good hairdresser.*); before **cent** or **mille**; after **quel/quelle** in an exclamation: **Quel bon élève !** → *What <u>a</u> good student!*; nor after most negations: **Nous n'avons pas de maison.** → *We haven't got <u>a</u> house.*

Des cannot be used when introducing people's occupation or religion (except after **ce sont**: **Ce sont** <u>des</u> **médecins.** → *They are doctors.*; nor after negations: **Vous n'avez pas** <u>de</u> **fleurs.** → *You do not have <u>any</u> flowers.*

9 Complete the following sentences with the appropriate indefinite article where necessary.

a. Il y a .... fille à la boulangerie.

b. C'est .... pompier très professionnel.

c. Quelle .... cuisinière extraordinaire !

d. Nous avons .... chiens très gentils.

e. Elle est .... mécanicienne.

f. Il est .... catholique.

10 Translate the following sentences into French.

a. What a good dinner! → ....

b. They are journalists. → ....

c. They have trees in the garden. → ....

d. We do not have pencils in the kitchen. → ....

e. She has a sister and two brothers. → ....

Partitive articles *(Les articles partitifs)*

The partitive articles in French correspond to *some* or *any* in English. They are used when referring to an indeterminate quantity.

If in English, *some* and *any* can often be omitted, the partitive article is always required in French: *I have Ø friends.* → **J'ai des amis.**

There are four forms:

Gender	Singular	Plural
Masculine	**du / de l'**	**des**
Feminine	**de la / de l'**	**des**

When the noun is preceded by an expression of quantity or measure, **de** or **d'** must be used: **Elle a des pâtes.** → **Elle a beaucoup de pâtes.**

When the noun is modified by another noun, **de** must be used.

The partitive cannot be used after a negative such as **ne... pas/plus...**, **sans** or with **ne... ni... ni...: Il a des haricots.** → **Il n'a pas de haricots.**

The partitive article must be repeated before each noun: **Sur la table il y a de l'eau, du pain, des tomates et de la salade.**

Food and drinks (*Les aliments et les boissons*)

Le beurre [buhr]	Butter
Les boissons gazeuses [bwasohⁿ gazuh:z]	Fizzy drinks
Le café [kafay]	Coffee
La carotte [karot]	Carrot
Les cerises [suhreez]	Cherries
Les champignons [shahⁿpeenyohⁿ]	Mushrooms
Le citron [seetrohⁿ]	Lemon
La confiture [kohⁿfeetewr]	Jam
La framboise [frahⁿbwaz]	Raspberry
Les frites [freet]	Fries
Le jus de fruits [jzew duh frew-ee]	Fruit juice
Le marché [marshay]	Market

La nourriture [nooreetewr]	Food
L'œuf [uhf] / **Les œufs** [zuh:]	Eggs
La pâtisserie [pateesree]	Pastry
Le plat [pla]	Dish
La poire [pwar]	Pear
Le poulet [pooleh]	Chicken
Le raisin [rehzaⁿ]	Grape
Le repas [ruhpa]	Meal
Le riz [ree]	Rice
La soupe [soop]	Soup
Le thé [tay]	Tea

Cultural stop

Une tartine is a slice of bread with a spread, such as butter and/or marmalade, on top. It is usually eaten at breakfast.

Complete the following sentences with the correct article forms.

a. J'ai acheté deux litres .... jus d'orange.

b. Vous n'avez pas .... riz ?

c. As-tu .... salade dans ton assiette ?

d. Nous avons beaucoup .... beurre sur cette tartine.

e. Voulez-vous .... poisson avec votre riz ?

f. J'aimerais (*I would like*) ma viande sans.............. sauce, s'il vous plaît.

12 Translate the following sentences into French.

a. I like my coffee with sugar and cream.

→ ....

b. I would like a kilo of cherries please.

→ ....

c. He would like (**Il aimerait**) some salad, some meat with fries and some cake please.

→ ....

d. I don't want any ice cream, thank you.

→ ....

13 Write the French word with its appropriate partitive article for each illustration.

a. Du poulet   b. ....   c. ....   d. ....

e. ....   f. ....   g. ....   h. ....

Congratulations!
You have completed chapter 2!
It is now time to add up the icons
and write the results on page 128
for your final assessment.

3
Pronouns
("en", "y", disjunctive, relative)

"En" pronoun *(Le pronom « en »)*

A pronoun is a word used instead of a noun. The pronoun **en** can be used for different purposes with different meanings:

- It can be used to replace a noun (person or thing) preceded by a partitive article (**de l', du, de la, des**), like *some* or *any* in English: **Sophie a préparé du café. Vous en voulez ?** → *Sophie prepared some coffee. Would you like <u>some/any</u>?* It then becomes a direct object.

- **En** can also be used with expressions of quantity and **de** + noun, in order to avoid a repetition: **Il y a beaucoup d'enfants dans cette école. Il y en a beaucoup.** → *There are many children in that school. There are many (<u>of them</u>).* It then becomes an indirect object.

- **En** can also be used instead of the name of a place preceded by **de**, when meaning *from*: **Tu viens <u>de la boulangerie</u> ? – Oui, j'en viens.** → *Are you coming from the bakery? – Yes, I am (coming <u>from there</u>).*

Like other pronouns, **en** is placed before the verb and always last when used with other pronouns: **il <u>m'en</u> a donné**.

I Put the words in order to form sentences that refer to the words in bold.

a. **Du pain** : veut / n' / pas / il / en

→ ....

b. **De la limonade** : n' / souvent / pas / Sophia / boit / en

→ ....

c. **Des bonbons** : en / le / beaucoup / elles / soir / mangent

→ ....

d. **Des koalas** : y / pas / Canada / en / a / au / n' / il

→ ....

e. **Des voitures** : parents / trois / ses / ont / en

→ ....

f. **L'école** : en / viennent / ils

→ ....

2 Translate the sentences you have formed in exercise 1 into English.

a. ....

b. ....

c. ....

d. ....

e. ....

f. ....

3 Complete the following sentences using the pronoun *en* and the words provided.

« Jean-Philippe, as-tu des ballons ?

– Oui, bien sûr, j' **(1.)** .... (acheter / beaucoup)

– Et as-tu trouvé un bon gâteau ?

– Oui, Léa **(2.)** .... (apporter / un / au chocolat)

– Et tu as des bougies ?

– Oh, non ! Je **(3.)** .... ! (ne pas / avoir)

– Pour finir, tu as des boissons gazeuses ?

– Oui, **(4.)** .... ! » (avoir / quatre bouteilles)

"Y" pronoun *(Le pronom « y »)*

The pronoun **y** is used to replace a prepositional phrase starting with **à, sur, dans, chez** when referring to places or ideas. It is used to mean "there": **Elle pense à la France** ? **– Oui, elle y pense.** → *Is she thinking about <u>France</u>? – Yes, she is (thinking about <u>it</u>).* **Tu vas <u>chez Marie-Anne</u> ? – Oui, j'<u>y</u> vais.** → *Are you going to Marie-Anne's? Yes, I am (going there).*

Y is often used with **aller** and is placed before the verb (except in affirmative commands such as **Allons-y !**) and cannot be used to refer to a person. If used in conjunction with **en**, it is placed before (**Il y a beaucoup de fleurs = Il y en a beaucoup**).

4 Transform the following sentences by using the pronoun *y*.

eg. **Je suis allé en Espagne.** → **J'y suis allé.**

a. Elles ont habité à Londres pendant cinq ans. → ....

b. Il y a huit cents élèves dans mon école. → ....

c. Sylvain pense souvent aux vacances. → ....

d. Il n'y a pas de pain sur la table. → ....

e. Yves et Guillaume vont à la plage. → ....

5 *En* or *y* ?

a. Charlotte veut du chocolat. → Elle .... veut.

b. Lucas vient de la pharmacie. → Il .... vient.

c. Mon grand-père va au concert. → Il .... va.

d. Clara n'est jamais allée au Portugal. → Elle n'............... est jamais allée.

e. Tu as combien de cousins ? → J'............... ai treize !

f. Vous pensez encore à votre examen ? → Oui, nous .... pensons encore.

Colloquial expressions using "en" and "y" (*Expressions idiomatiques avec « en » et « y »*)

With "en"	
S'en aller [sahⁿ nalay]	*To go away*
Va-t'en ! [vatahⁿ] / **Allez vous-en !** [alay voozahⁿ]	*Go away!*
Je m'en vais [jzuh mahⁿ vay]	*I am going*
En avoir assez [ahⁿ navwar asay]	*To have had enough*
En avoir marre [ahⁿ avwar mar]	*To be fed up*
En être sûr(e) [ahⁿ nehtr sewr]	*To be sure (of it)*
T'en fais pas [tahⁿ feh pa] / **Ne vous en faites pas** [nuh voo zahⁿ feht pa]	*Don't worry*
Ne plus en pouvoir [nuh plew zahⁿ poovwar]	*To be exhausted*
En vouloir à [ahⁿ voolwar a]	*To be angry with*

With « y »	
Y aller [ee alay]	*To go*
Y arriver [ee areevay]	*To manage (it)*
S'y attendre [see atah^{n}dr]	*To be expecting it*
S'y connaître [see konehtr]	*To know all about it*
N'y être pour rien [nee ehtr poor rya^n]	*To have nothing to do with it*
S'y faire [see fehr]	*To get used to it*
Y penser [ee pah^{n}say]	*To think about it*
Ne pas y compter [nuh pa zee koh^{n}tay]	*To not count on it*

6 Translate the following sentences into English.

a. C'est l'heure ! Allons-y ! → ....

b. Cet exercice de maths est trop dur ! Je n'y arrive pas !

→ ....

c. Il pleut (**pleuvoir** = *to rain*) tout le temps ! Nous en avons vraiment marre !

→ ....

d. Arnaud a 26 ans ? Tu en es sûre ?

→ ....

e. Nous avons marché pendant plus de deux heures ! Je n'en peux plus !

→ ....

f. Valérie va se marier avec Alban ! Je ne m'y attendais pas !

→ ....

Disjunctive/Emphatic pronouns (Les pronoms disjonctifs/emphatiques)

Disjunctive pronouns are used after a preposition, or before a subject for emphasis.

Subject pronoun	Disjunctive pronoun
Je / J'	Moi
Tu	Toi
Il	Lui
Elle	Elle
Nous	Nous
Vous	Vous
Ils	Eux
Elles	Elles

Nationalities (Nationalités)

For nationalities, capital letters are only used with nouns, not adjectives.
Il a rencontré une Danoise. But: **Il est danois.**

7 Fill in the blanks.

Flags	Masc. Sing.	Fem. Sing.	Masc. Pl.	Fem. Pl.
	....	Écossaise	Écossais	Écossaises
	Russe	....	Russes	Russes
	Danois	Danoise	....	Danoises
	Finlandais	Finlandaise	Finlandais	....
	....	Corse	Corses	Corses

	Portugais	....	Portugais	Portugaises
	Turc	Turque	....	Turques
	Grec	Grecque	Grecs	....
	....	Luxembourgeoise	Luxembourgeois	Luxembourgeoises
	Suisse	....	Suisses	Suisses
	Autrichien	Autrichienne	....	Autrichiennes
	Polonais	Polonaise	Polonais	....

Cultural stop

Corsica or French **Corse** is a French island located in the Mediterranean Sea off the coast of Southern France. Its official name is **Collectivité Territoriale de Corse**.

8 Fill in the blanks by using the appropriate disjunctive pronoun.

a. ...., ils sont italiens.

b. ...., tu es française.

c. ...., vous êtes autrichiennes.

d. ...., elles sont coréennes.

e. ...., je suis australienne.

f. ...., elle est polonaise.

g. ...., nous sommes luxembourgeois.

9 **Write the name of the country corresponding to each nationality.**

a. Elle est écossaise. Elle vit en ....

b. Je suis suisse. Je vis en ....

c. Nous sommes polonaises. Nous vivons en ....

d. Tu es turque. Tu habites en ....

e. Vous êtes portugais. Vous venez du ....

f. Ils sont russes. Ils viennent de ....

g. Est-elle danoise ? – Oui, elle vit au ....

h. Vous êtes finlandaises ? Oui, nous venons de ....

i. Elles sont autrichiennes. Elles habitent en ....

j. Nous sommes luxembourgeoises. Nous venons du ....

k. Tu es grecque. Tu viens de ....

l. Elles sont corses. Elles habitent en ....

Relative pronouns : *qui, que, ce qui, ce que*
(Les pronoms relatifs : *qui, que, ce qui, ce que*)

A relative pronoun is a word that refers to an antecedent (a word or a phrase/clause that the pronoun replaces) and links it with a clause: **Je connais l'homme <u>qui</u> mange un croissant.** → *I know the man <u>who</u> is eating a croissant.*

Antecedent	Relative pronoun	Clause
L'homme	qui	mange un croissant.

The relative pronouns **qui** (*who, which, that*) and **que** (*whom, which, that*) refer to people or things and are used to link a noun/pronoun with a clause. **Qui** is the subject of the verb that follows; that verb therefore agrees with the noun that it replaces: **C'est <u>toi</u> qui <u>veux</u> aller en Irlande. Qui** cannot be shortened.

Que (or **qui**) is the object of the verb following it: **C'est un livre <u>que</u> j'ai beaucoup aimé. Que** becomes **qu'** before a vowel or silent **h**.

Ce qui and **ce que** follow the same rules as **qui** and **que**, but they refer to an idea or a statement, rather than to a particular noun. **Ce qui** is the subject of the following verb and **ce que** is the object of the following verb: **Le restaurant est ouvert jusqu'à 22 heures, ce qui est très pratique. Je ne comprends pas ce que vous dites.**

10 Turn each pair of sentences into one sentence using *qui* or *que*.

a. Elle regarde un film. Le film raconte la vie d'Édith Piaf.

→ Elle regarde ....

b. Vous portez des robes. Je ne les aime pas.

→ Je n'aime pas ....

c. Sophie veut un livre. Je ne le trouve pas.

→ Je ne trouve pas le ....

d. Il me raconte une histoire. L'histoire est très longue.

→ Il me raconte ....

e. Le jouet est cassé. Le jouet est à Charlie.

→ Le jouet ....

11 Fill in the blanks using *qui* ou *que* and then guess the riddles.

a. C'est un objet .... casse, ... l'on utilise dans la cuisine et .... est plat. → L'objet est une ....

b. C'est un objet .... se met sur la tête, ... les hommes et les femmes peuvent porter et .... protège de la pluie et du vent.
→ L'objet est un ....

c. C'est un objet .... qui aide à (= *allows you to*) écrire, ... l'on peut mettre dans une poche ou dans un sac et .... l'on utilise avec du papier. → L'objet est un ....

d. C'est un objet .... permet de voyager, ... peut aller vite et .... permet de gagner du temps (= *to save time*). → L'objet est une

....

Translate the following sentences into French.

a. He is singing, which I hate.

➜ ....

b. The boy who is in the kitchen is my friend.

➜ ....

c. He is crying, which makes me sad (= **rendre triste**).

➜ ....

d. The story she is telling is horrible.

➜ ....

Congratulations!
You have completed chapter 3!
It is now time to add up the icons
and write the results on page 128
for your final assessment.

4

The imperfect indicative & the present conditional tenses

The imperfect indicative tense (*L'imparfait de l'indicatif*)

Use and formation of the imperfect tense

The imperfect tense is used to describe events that were happening continuously or used to happen regularly in the past: **Je regardais la télévision quand il est arrivé.** → *I was watching television when he arrived.* **Quand elle avait douze ans, elle jouait au football tous les lundis.** → *When she was twelve, she would play football/soccer every Monday.*

Note: There is no translation of the expression *used to*. The idea is conveyed by the tense itself.

The imperfect tense is also used to describe what something was like in the past: **Il y avait beaucoup d'enfants au restaurant.** → *There were a lot of children in the restaurant.*

Additionally, the imperfect tense is used to describe physical and emotional states, such as time, weather, age or feelings: **Thomas était très triste jeudi dernier** → *Thomas was very sad last Thursday.*

L'imparfait is formed by taking the « **nous** » form of the present tense, dropping the **-ons** ending and adding the following endings: **-ais, -ais, -ait, -ions, -iez, aient**.

Remember: The endings for the imperfect tense are always the same!

Note: Irregular verbs follow the same rules than regular verbs. The only exception is the **être** verb, whose stem becomes **ét-: J'étais, tu étais, il/elle était, nous étions, vous étiez, ils étaient**.

With **-cer** verbs such as **lancer**, there is no cedilla in the **nous** and **vous** forms as the **-i** softens the c: **Je lançais** but **Nous lancions**.

With **-ger** verbs such as **ranger**, there is no extra **e** in the **nous** and **vous** forms as the **-i** softens the g: **Je rangeais ma chambre** but **Vous rangiez votre chambre**.

Finir

	Present	Imperfect
Je	finis	**finissais**
Tu	finis	**finissais**
Il/Elle	finit	**finissait**
Nous	finissons	**finissions**
Vous	finissez	**finissiez**
Ils/Elles	finissent	**finissaient**

Faire

	Present	Imperfect
Je	fais	**faisais**
Tu	fais	**faisais**
Il/Elle	fait	**faisait**
Nous	faisons	**faisions**
Vous	faites	**faisiez**
Ils/Elles	font	**faisaient**

1 Complete the sentences by conjugating the given verbs in the imperfect tense.

a. Nous .... (commencer) à nous ennuyer (= *to get bored*).

Toi, tu .... (commencer) à t'endormir !

b. Firmin .... (manger) un croque-monsieur tous les jeudis.

Nous, nous .... (manger) un sandwich.

c. Vous .... (être) si heureux !

d. Vous .... (menacer) de fermer la boutique.

e. Raïssa ne .... (prononcer) pas la lettre « t » à la fin

du mot « huit ». Mais nous, nous la .... (prononcer).

f. Nous .... (voyager) toujours en classe économique

alors que notre père .... (voyager) en première.

2 Translate the following sentences into French.

a. Last year, he was living in Lyon.

➜ ....

b. They used to go to the restaurant every Saturday evening.

➜ ....

c. It was very hot when we woke up.

➜ ....

d. The doctor was a very nice man.

➜ ....

e. We were listening to music when she fell in the stairs.

➜ ....

Perfect or imperfect? *(Passé composé ou imparfait ?)*

The perfect tense is used for finished actions or events which occurred once or a few times in the past: **Elle a rencontré Paul l'été dernier**.

The imperfect tense is used for actions or events which happened on a regular basis in the past as well as for continuous actions and for descriptions: **Il allait à la piscine tous les jeudis soir**.

These two tenses are often used together: the imperfect tense describes what the action was when there was an interruption (perfect): **Je dormais** (continuous action) **quand tu as téléphoné** (punctual action).

3 Underline the past verb forms below and place each one in the right column.

a. Je dormais à poings fermés lorsque l'orage a éclaté.

b. Les gâteaux se vendaient comme des petits pains.

c. Son histoire ne tenait pas debout. Il a menti, j'en suis sûr !

d. Il faisait un froid de canard quand je suis arrivée à Paris.

e. Ce sac à main était très cher ; il m'a coûté les yeux de la tête !

f. Comme nous étions très fatigués, nous avons décidé de faire la grasse matinée.

	Imparfait	Passé composé			Imparfait	Passé composé
a.			d.			
b.			e.			
c.			f.			

4 Match each French expression to its English counterpart.

Idiomatic expressions *(Les expressions idiomatiques)*

Coûter les yeux de la tête •   • To be freezing cold

Dormir à poings fermés •   • To cost a fortune

Faire la grasse matinée •   • To sell like hot cakes

Faire un froid de canard •   • To be fast asleep

Ne pas tenir debout •   • To sleep in

Se vendre comme des petits pains •   • To not make sense

5 Complete the sentences by conjugating the given verbs in the imperfect or perfect tense.

a. Elles .... (visiter) la Corse l'année dernière.

Il .... (faire) très froid.

b. Nous .... (regarder) la télévision lorsque les voleurs

.... (entrer).

c. Je .... (tomber) amoureux d'Emma immédiatement.

Elle .... (être) si belle dans sa robe rouge !

d. Roland .... (finir) sa terminale lorsqu'il

.... (avoir) son accident.

e. Lorsque j'............................... (avoir) 12 ans, je ....

(passer) tous mes mercredis chez mes grands-parents.

f. Léa .... (lire) ce livre il y a deux ans,

je crois.

6 Translate the sentences from exercise 5 into English.

a. ....

....

b. ....

....

c. ....

....

d. ....

....

e. ....

....

f. ....

....

7 Fill in the blanks in the postcard below by conjugating the given infinitives in the imperfect or perfect tenses.

MANGER   ÊTRE x 3   FAIRE   SE BAIGNER   ALLER

PRENDRE   **AVOIR** x 2   PASSER   SE COUCHER   **GRANDIR**

Chère mamie,

Maman et moi (a.) .... de super vacances à Besançon ! Il y (b.) .... du soleil et il (c.) .... très chaud ! Il y (d.) .... beaucoup de monde partout car c'(e.) .... les vacances scolaires ! Les cousins (f.) .... ! Ils (g.) .... tous plus grands que maman ! Nous (h.) .... beaucoup de fromage : surtout du comté ! J'(i.) .... 2 kilos en une semaine ! Lundi dernier, nous (j.) .... au lac Saint-Point à Malbuisson où nous (k.) ....

Nous (l.) .... à 20 heures tous les soirs car nous (m.) .... tellement fatigués !

Gros bisous.

Lola

À ton tour ! Write a postcard about your holiday in the South of France.

....

....

....

....

....

....

....

....

....

....

....

The present conditional (*Le conditionnel présent*)

The present conditional is used both in French and in English to express what would happen or what someone would do in certain conditions (after **si**, the verb is in the imperfect tense as seen below). It is also used to express a preference, a wish or a conditional desire, to describe an obligation or a duty, and to make a polite request or give advice.

Note: Si becomes **s'** before a vowel or a silent **h**.

Regular present conditional

The present conditional is regularly formed by adding the following endings (the same as the imperfect) to the infinitive form of the verb (for **-re** verbs, you must drop the **-e**):

	Regarder	**Choisir**	**Vendre**
Je	regarder**ais**	choisir**ais**	vendr**ais**
Tu	regarder**ais**	choisir**ais**	vendr**ais**
Il/Elle	regarder**ait**	choisir**ait**	vendr**ait**
Nous	regarder**ions**	choisir**ions**	vendr**ions**
Vous	regarder**iez**	choisir**iez**	vendr**iez**
Ils/Elles	regarder**aient**	choisir**aient**	vendr**aient**

Irregular verbs with the conditional tense

	Avoir	**Être**
Je	aur**ais**	ser**ais**
Tu	aur**ais**	ser**ais**
Il/Elle	aur**ait**	ser**ait**
Nous	aur**ions**	ser**ions**
Vous	aur**iez**	ser**iez**
Ils/Elles	aur**aient**	ser**aient**

Other irregular verbs

Verbs in the conditional use the same stem as in the future (**j'appellerai/appellerais ; j'aurai/j'aurais ; je voudrai/je voudrais**). For irregular verbs, simply add the conditional endings to the irregular future stem:

Acheter *(to buy)* → j'achèter-ais	**Il pleut** *(it is raining)* → il pleuvr-ait
Aller (a. ....) → j'ir-ais	**Pouvoir** *(to be able to)* → je pourr-ais
Appeler *(to call)* → j'appeller-ais	**Recevoir** *(to receive)* → je recevr-ais
Courir (b. ....) → je courr-ais	**Savoir** (e. ....) → je saur-ais
Devoir *(to have to)* → je devr-ais	**Tenir** *(to hold)* → je tiendr-ais
Envoyer (c. ....) → j'enverr-ais	**Valoir** *(to be worth)* → je vaudr-ais
Faire *(to do/make)* → je fer-ais	**Venir** (f. ....) → je viendr-ais
Il faut *(one must)* → il faudr-ait	**Voir** *(to see)* → je verr-ais
Mourir (d. ....) → je mourr-ais	**Vouloir** *(to want)* → je voudr-ais

8 Write the missing translations of the irregular verbs above.

9 Translate the following sentences into French.

a. He would call Charles. → ....

b. We would know her name. → ....

c. You *(pl.)* would receive a letter. → ....

d. I would make a cake. → ....

e. They *(masc.)* would buy a present. → ....

f. You *(sing.)* could go to the cinema. → ....

Polite requests *(Les demandes polies)*

In order to ask something in a polite way, we use the conditional forms of verbs such as **vouloir, pouvoir, aimer** or **avoir**:

Je voudrais de l'eau s'il vous plaît. → *I would like some water, please.*

The conditional is used to soften a command.

10 Fill in the blanks using *pouvoir*, *vouloir*, *aimer* **or** *avoir* **in the present conditional.**

a. ....-vous me dire où se trouve la pharmacie, s'il vous plaît ?

b. Elle .... réserver une table pour le mercredi 15 novembre.

c. Je .... un aller-retour pour Paris, s'il vous plaît.

d. ....-vous quelques minutes à m'accorder (= *to spare me*) ?

e. Nous .... beaucoup rencontrer l'auteur de ce livre.

f. ....-tu venir avec moi chez le docteur ?

11 Match the beginning of the sentence to its logical end.

1. Aimerais-tu du sucre •　　　• a. pour ma carte postale ?

2. Auriez-vous un timbre •　　　• b. sur vos pâtes, monsieur ?

3. Pourrait-il ouvrir •　　　• c. un dessert, mademoiselle ?

4. Voudriez-vous du poivre •　　　• d. dans ton café ?

5. Aimeriez-vous commander •　　　• e. la porte pour ma grand-mère ?

6. Pourriez-vous fermer •　　　• f. la fenêtre, s'il vous plaît ?

"If" clauses with the present conditional
(Phrases avec « si » et le conditionnel présent)

In an "if" construction, one clause states a condition, and the second states the consequence resulting from this condition.

Si/If clause – Condition	Consequence/Result
Si j'avais de l'argent,	**j'achèterais une voiture.**
Imperfect	Conditional
If I had money,	*I would buy a car.*

This type of **si** clauses are known as "contrary to the fact" or "unreal" and the consequence therefore is seen as (very) unlikely (*If I had money – Which I don't and am unlikely to have – then I could and would buy a car*).

This is also known as a "second conditional." The "first conditional" is used for likely events, and the "third conditional" is used for impossible events.

Note: si becomes **s'** in front of **il** and **ils**.

12 Conjugate the following verbs in the appropriate tenses.

a. J'.................. (acheter) une nouvelle maison si je .... (gagner) au loto !

b. Si elle .... (étudier) plus, elle .... (réussir) ses examens.

c. Vous .... (voyager) si vous .... (avoir) plus de vacances.

d. Si nous .... (être) là, nous vous .... (aider).

e. Elles .... (faire) le ménage si elles ne .... (dormir) pas !

13 Translate the following sentences into French.

a. Achille would play tennis if he had time.

→ ....

b. I would be happy if it were sunny.

→ ....

c. If he was taller, he could play basketball.

→ ....

d. Claire and Laurence would love to go to the cinema if they had time.

→ ....

e. You would leave now if you could!

→ ....

Congratulations!
You have completed chapter 4!
It is now time to add up the icons
and write the results on page 128
for your final assessment.

Direct & indirect speech

Direct speech *(Le discours direct)*

Direct speech refers to words that are actually spoken. You are quoting the words of another person. **Loïc a demandé : « Allez-vous à la piscine demain ? »** → *Loïc asked, "Are you going to the swimming-pool tomorrow?"*

Note: Inverted commas (**les guillemets**) are different in English and in French. The English inverted commas are written " " whereas the French ones are written « » and include an unbreakable space on both sides. Also, the direct speech must be introduced with a colon.

Indirect speech *(Le discours indirect)*

Indirect speech is direct speech or actual words spoken by a person "reported" by a third person. You do not quote that person directly: **Carole demande si vous voulez aller au cinéma.** → *Carole is asking whether you want to go to the cinema.*

With indirect speech, the subordinate clause must be introduced by the relative pronoun **que**: **Ma mère m'a dit que je devais aller au lit.** → *My mother told me (that) I had to go to bed.*

Though the pronoun *that* is not compulsory in English, **que/qu'** must be used in French.

I Write whether the following sentences are in the direct speech (DS) or indirect speech (IS).

a. Je dis à Anne qu'elle est jolie. → ....

b. Il m'a demandé : « Où habitez-vous ? » → ....

c. Gwendoline répond qu'il pleuvra demain. → ....

d. Corentin déclare qu'ils sont stupides. → ....

e. Guillaume me dit : « C'est une très bonne idée ! » → ....

2 Turn the following sentences into direct speech.

eg. Elle me demande pourquoi je n'ai pas de manteau.
→ Elle me demande : « Pourquoi n'as-tu pas de manteau ? » (tu)

a. Tu dis qu'il fait très beau aujourd'hui.

→ ....

b. Tes parents nous demandent pourquoi nous portons un chapeau.

→ .... (vous)

c. Il déclara qu'il avait froid.

→ .... (je)

d. Nous avons ajouté que la voiture était au garage.

→ ....

e. Je dirai que nous sommes trop fatigués.

→ ....

Reporting verbs *(Les verbes introducteurs)*

Reporting verbs introduce speech that is being quoted, and are used to report what someone said.

3 Choose the right translation from the bubble.

To say · To explain
To add · To ask
To assert · To insist
To order · To declare
To reveal · To announce
To answer · To shout

French	English
Affirmer [afeermay]	....
Ajouter [ajzootay]	....
Annoncer [anohⁿsay]	....
Crier [kree-ay]	....
Déclarer [dayklaray]	....
Demander [duhmahⁿday]	....
Dire [deer]	....
Expliquer [ekspleekay]	....
Insister [aⁿseestay]	....
Ordonner [ordonay]	....
Répondre [raypohⁿdr]	....
Révéler [rayvaylay]	....

4 Translate the following sentences into French.

a. She declared that she was not coming.

→ ....

b. He added that the tickets were expensive (= **chers**).

→ ....

c. They explained that the door was closed.

→ ....

d. I shouted that I would not come.

→ ....

e. Émilia asked if we had the keys.

→ ....

Indirect speech with questions
(Le discours indirect avec les questions)

Que vs **Si**: when reporting a yes/no question, we use **si** (*if, whether*) instead of **que** (*that*): **Elle m'a dit que j'étais gentille.** → *She told me that I was nice.* But **Elle m'a demandé si j'avais du sucre.** → *She asked me if I had any sugar.* → *She asked me: "Do you have any sugar?"* If the reporting verb is **demander**, then **si** or a question word is used.

When reporting questions which begin with adverbs such as **comment, où, pourquoi**, the same adverb is used in the reported speech: **Elle me demande : « Pourquoi es-tu à la maison ? »** → **Elle me demande pourquoi je suis à la maison.**

5 Fill in the blanks using *que, si, comment, où* or *pourquoi*.

a. Julia a déclaré .... nous étions courageux.

b. Florence et Marcel ont demandé .... nous avions une voiture.

c. Camille a demandé .... Jean-François était là.

d. J'ai demandé .... était son sac.

e. Il a demandé .... papa allait.

f. J'ai demandé .... vous étiez en retard.

6 Translate the sentences in exercise 5 into English.

a. ....

b. ....

c. ....

d. ....

e. ....

f. ....

Changes from direct to indirect speech
(Changements du discours direct au discours indirect)

1. Personal and possessive pronouns

The pronouns in the direct quote must be changed according to the context:

Direct speech	Indirect speech
Elle dit : « **Je** suis fatiguée. »	Elle dit qu'**elle** est fatiguée.
Il demande : « Où sont **mes** chaussures ? »	Il demande où sont **ses** chaussures.

2. Verb conjugations

The verb conjugations need to change so as to agree with the new subject: **Elle dit : « Je veux rentrer. » → Elle dit qu'elle veut rentrer.**

3. Verb tense

	Main verb / Direct speech	Subordinate verb / Indirect speech
Present	Louis dit : « J'avais soif. »	Louis dit qu'il avait soif.
	Louis dit : « J'ai soif. »	Louis dit qu'il a soif.
Past	Present or imperfect Louis a dit : « J'ai soif. »	Imperfect Louis a dit qu'il avait soif.
	Perfect or pluperfect or past historic Il a révélé : « Ils sont partis en Italie. ».	Pluperfect Il a révélé qu'ils étaient partis en Italie.
	Future or present conditional	Present conditional
	Josiane a répondu : « Nous partirons demain. »	Josiane a répondu que nous partirions le lendemain.

Main verb / Direct speech		Subordinate verb / Indirect speech
	Future perfect or past conditional	Past conditional
Past	Cora a dit : « Nous aurons terminé demain. »	Cora a dit qu'ils auraient terminé le lendemain.
	Imperative	de + infinitive
	Il nous ordonnait toujours : « Dépêchez-vous ! »	Il nous ordonnait toujours de nous dépêcher.

7 Fill in the blanks using the appropriate personal and possessive pronouns.

a. Elle m'a dit : « Tu devras faire tes devoirs. »

→ Elle m'a dit que .... devrais faire .... devoirs.

b. Guillaume a répondu : « Je dois ranger ma chambre. »

→ Guillaume a répondu qu'........... devait ranger .... chambre.

c. Ils nous ont demandé : « Pourriez-vous rendre nos livres ? »

→ Ils nous ont demandé si .... pouvions rendre .... livres.

d. Elle m'a demandé : « Veux-tu venir avec moi et mes amis ? »

→ Elle m'a demandé si .... voulais venir avec .... et .... amis.

e. Sophia explique : « J'étais en vacances avec mes frères. »

→ Sophia explique qu'........... était en vacances avec .... frères.

Changes in time markers
(Changements des expressions de temps)

Just as for the pronouns, time markers need to be changed to adapt to the new point of view.

Direct speech	Indirect speech
Elle a dit : « Je viendrai <u>demain</u>. »	Elle a dit qu'elle viendrait le <u>lendemain</u>.
She said: "I am coming <u>tomorrow</u>."	*She said that she would be coming <u>the following day</u>.*

8 Match the direct speech time marker to its indirect speech equivalent.

Direct Speech	Indirect speech
1. Aujourd'hui •	• **a.** Le mois précédent
2. En ce moment •	• **b.** L'année suivante
3. Hier •	• **c.** L'année précédente
4. Avant-hier •	• **d.** Ce matin-là
5. Demain •	• **e.** Le lendemain
6. Après-demain •	• **f.** Deux jours auparavant
7. Cette semaine •	• **g.** À ce moment-là
8. Ce matin •	• **h.** Ce jour-là
9. La semaine dernière •	• **i.** Cette semaine-là
10. La semaine prochaine •	• **j.** La semaine suivante
11. L'année dernière •	• **k.** Le mois suivant
12. L'année prochaine •	• **l.** Deux jours plus tard
13. Le mois dernier •	• **m.** L'avant-veille
14. Le mois prochain •	• **n.** La veille
15. Il y a deux jours •	• **o.** Le surlendemain
16. Dans deux jours •	• **p.** La semaine précédente

9 Turn the direct statements into indirect ones.

a. Yannick m'a dit : « Je pars après-demain. »

→ ....

b. Mes parents m'avaient annoncé : « Nous (inc. je) allons en Italie l'année prochaine. »

→ ....

c. Marie-France a déclaré : « Je suis allée chez Benoît le mois dernier. »

→ ....

d. Xavier a demandé : « Où étais-tu hier ? »

→ ....

e. Suzette a dit : « En ce moment, je travaille à la boulangerie. »

→ ....

10 Turn the following sentences into the indirect speech.

a. La prof me dit : « Tu dois faire tes devoirs ! »

→ ....

b. Louise a répondu : « Je ne veux pas venir avec vous. »

→ ....

c. Jérémy et Clément ont demandé : « À quelle heure arrive le train ? »

→ ....

d. Audrey a admis : « J'ai mangé trop de chocolat hier. »

→ ....

e. Il m'a ordonné : « Reste à la maison jusqu'à demain. »

→ ....

Congratulations!
You have completed chapter 5!
It is now time to add up the icons
and write the results on page 128
for your final assessment.

6

Impersonal verbs & expressions

Impersonal verbs (*Les verbes impersonnels*)

1 Read the following examples and infer the rules.

a. Il faut manger des légumes verts pour être en forme.

b. Il y a du vent aujourd'hui.

c. Je fais ce qu'il me plaît !

d. Il faut que j'aille à l'école aujourd'hui.

e. Il fait beau en Espagne.

f. Il y avait des nuages hier.

g. Il faudra ranger ta chambre ce week-end.

The underlined verbs are known as impersonal verbs. They are called "impersonal" because the subject (**il**) does not refer to a real ...., animal or object. They are generally used in the .... person singular.
The verbs following the impersonal verb are in the indicative or in the .... moods (example d.). They can be conjugated in various .... (**il faut, il fallait, il faudra**).

2 Circle the impersonal verb forms below where applicable.

a. Tu dois vraiment ranger ta chambre.

b. Il faut que tu ranges ta chambre.

c. J'adore ta nouvelle robe !

d. Son nouveau chapeau me plaît beaucoup !

e. Il y a beaucoup de fleurs dans ton jardin.

f. Ces arbres sont magnifiques !

Il y a (There is / There are)

Il y a (*there is/there are*) only exists in the impersonal form and does not change in the plural. It is followed by a noun or a series of nouns. **A** is from the verb **avoir** and changes according to the tense: *there is / there are* → **il y a** ; *there will be* → **il y aura** ; *there was / there were* → **il y avait**.

Though it can be translated into English by *there is* or *there are*, **il y a** is always in the singular form in French: *There are too many cars in the car park.* → **Il y a beaucoup trop de voitures dans le parking.**

Note: The infinitive form is **y avoir**.
In the interrogative form, **Il y a** becomes **Y a-t-il**, or **Est-ce qu'il y a** can be used. Its negative form is **Il n'y a pas**.

3 Translate the following sentences into French.

a. There are many children in the kitchen.

→ ....

b. There was no teacher at school yesterday.

→ ....

c. There will be snow this weekend.

→ ....

d. There is a pink dress on my bed.

→ ....

e. There was some chocolate cake at the party.

→ ....

f. Is there water in the fridge?

→ ....

Il y a vs Depuis (Ago vs Since)

Il y a may be followed by a period of time meaning *ago*: **Julian est parti il y a une heure.** → *Julian left an hour ago*. It is not to be confused with **depuis** which means *since* or *for*.

Use **depuis** when referring to something which started in the past and is still going on: **Il habite en Australie depuis 5 ans.** → *He has been living in Australia for 5 years*; or to say how long something has not happened for. **Il n'est pas venu depuis décembre dernier.** → *He hasn't come since last December*.

Note: If you are talking about something that has stopped, then you must use **pendant**: **J'ai joué au foot pendant 3 ans.** → *I played football for 3 years*.

Fill in the blanks using either *il y a*, *depuis* or *pendant*.

a. Alice étudie l'espagnol .... 4 mois.

b. J'ai visité la Russie .... 8 mois.

c. Ma sœur est rentrée à la maison .... 2 heures.

d. Sylvain a perdu son téléphone .... quelques jours.

e. Charles attend son professeur .... 30 minutes.

f. Es-tu resté en Angleterre .... 1 an ?

 Match the following French idiomatic expressions with their English counterparts.

Il n'y a pas de quoi ! • **1.**

Il y a de quoi manger. • **2.**

Il y a de l'orage dans l'air. • **3.**

Il y a anguille sous roche. • **4.**

Il n'y a pas de quoi en faire
un drame/plat/fromage. • **5.**

(Il n'y a) pas de souci ! • **6.**

a. • *There's something fishy going on.*

b. • *There is something to eat.*

c. • *It's not worth fussing about.*

d. • *You're welcome!*

e. • *No bother!*

f. • *There's trouble brewing.*

Falloir (To have to)

The verb **falloir** expresses need or necessity and only exists in the impersonal form. It can be translated with *must*, *should*, *have to*, etc.

It can be followed by the infinitive: **Il faut <u>sauvegarder</u> votre document.** → *You must <u>save</u> your document.*

It can be followed by a noun: **Il faut <u>de l'argent</u> pour aller en vacances.** → *One needs <u>money</u> to go on holidays.*

It can be followed by the subjunctive mood: **Il faut qu'il <u>revienne</u> à Tours.** → *He has to come back to Tours.*

It can also be used with the passive: **Il faut <u>sauvegarder</u> votre document.** → *The document <u>must/needs to be saved</u>.*

6 Conjugate the verb *falloir* in the appropriate tenses.

    a. Il .... (*conditional*) finir ce projet la semaine prochaine.

    b. Il .... (*perfect*) appeler le médecin car il était vraiment malade.

    c. ....-t-il (*future*) amener un sac de couchage (= *a sleeping bag*) ce week-end ?

    d. Il .... (*present*) se dépêcher si nous ne voulons pas être en retard !

    e. .... (*imperfect*)-il fermer la porte d'entrée ?

7 Translate the sentences from exercise 6 into English.

    a. ....

    b. ....

    c. ....

    d. ....

    e. ....

Valoir (To be worth)

The French expressions **Il vaut mieux** (present), **ça vaut mieux** or **ça/il vaudrait mieux** (conditional) are used to express that something is preferable or better: **Il vaut/vaudrait mieux se lever tôt.** → *It would be better to get up early.* **Il vaut mieux se coucher à 21 heures.** → *You're better off going to bed by 9 p.m.*

Valoir can be followed by an infinitive or a subjunctive: **Il vaut mieux que tu finisses tes devoirs maintenant.**

S'agir de (To be a matter of/about)

Il s'agit de is often used to introduce the subject of a work such as a book or a movie, or the subject of a situation: **Il s'agit de ton avenir.** → *This is about your future.* It can also be used to describe who someone is: **Il s'agit de mon docteur.** → *We are talking about my doctor.*

Il s'agit de is only ever used in its impersonal form and though it's usually followed by a noun, it can also be followed by an infinitive: **Il s'agit de se dépêcher** = **Il faut se dépêcher.**

Être (To be)

Impersonal expressions can be used with the verb **être** followed by an adjective and an infinitive.

Impersonal expression	Adjective	Infinitive
Il est	**difficile**	**de parler la bouche pleine.**
Il est	**interdit**	**de fumer dans le restaurant.**
Il est	**nécessaire**	**de réserver une table.**

8 Translate the following sentences into French using the impersonal verbs and expressions above.

a. Walking on the grass is forbidden. → ....

b. You are better off wearing a coat today. → ....

c. It is a question of French grammar. → ....

d. It's better that you cook tonight. → ....

e. You must book your train ticket early. → ....

The weather (Le temps qu'il fait)

In both English and French, weather expressions require impersonal structures. Weather verbs can only be conjugated in the third person singular.

To describe weather conditions, we use the verb **faire** followed by an adjective (**froid**) or a noun (**vent**).

Weather adjectives (Les adjectifs de la météo)

Il fait..., Le temps est... / *It is...*

Ensoleillé [ahⁿsoleh-ee-ay]	Sunny	Frais [freh]	Cool
Pluvieux [plewvyuh:]	*Rainy*	**Doux** [doo]	*Mild*
Nuageux [new-ajzuh:]	*Cloudy*	**Venteux** [vahⁿtuh:]	*Windy*
Orageux [orajzuh:]	*Stormy*		
Couvert [koovehr]	*Overcast*		
Humide [ewmeed]	*Humid*		

To describe the weather as icy, the verb **Il a gelé / Il gèle / Il gèlera** is more commonly used than the adjective **gelé**.

9 Match each French verb to its illustration.

1. Il pleut.   **2.** Il bruine.   **3.** Il neige.   **4.** Il grêle.   **5.** Il gèle.   **6.** Il vente.

a.   b.   c.   d.   e.   f.

10 Match each French weather expression with its English translation.

Il fait beau. •   • It is mild.

Il fait mauvais. •   • It is cool.

Il fait frais. •   • The weather is nice.

Il fait chaud. •   • It is stormy.

Il fait doux. •   • It is hot.

Il fait froid. •   • It is windy.

Il fait / Il y a du brouillard. •   • The weather is bad.

Il fait / Il y a du vent. •   • It is sunny.

Il fait / Il y a de l'orage. •   • It is foggy.

Il fait / Il y a du soleil. •   • It is cold.

11 Translate the following sentences into English.

a. Il fait un temps affreux.   → ....

b. Il fait un temps magnifique/superbe. → ....

c. Il fait un temps lourd.   → ....

d. Il fait un temps couvert.   → ....

e. Il fait un temps nuageux.   → ....

Match each French idiomatic expression (with impersonal structure) to its English counterpart.

1. **Il n'y a** pas de fumée sans feu. •

2. **Il n'y a** pas de sot (= *stupid*) métier. •

3. **Il n'y a** que la vérité qui blesse. •

4. **Il y a** un temps pour tout. •

5. **Il ne faut** pas vendre la peau de l'ours avant de l'avoir tué. •

6. Rien ne sert de courir, **il faut** partir à point. •

7. **Il faut** battre le fer pendant qu'il est chaud. •

8. **Il faut** que jeunesse se passe. •

9. Mieux **vaut** tard que jamais. •

10. Le jeu n'en **vaut** pas la chandelle. •

11. Un homme averti (= *warned*) en **vaut** deux. •

12. Mieux **vaut** prévenir que guérir. •

13. En avril, ne te découvre pas d'un fil ; en mai, fais ce qu'il te **plaît**. •

14. On ne peut pas **plaire** à tout le monde. •

• **a.** *Only the truth hurts.*

• **b.** *Nothing is served by running. One must leave at the right time.*

• **c.** *Strike while the iron is hot.*

• **d.** *Better late than never.*

• **e.** *The game is not worth the candle.*

• **f.** *In April, cover up, in May, do as you please.*

• **g.** *There is no smoke without fire.*

• **h.** *You can't please everybody.*

• **i.** *Every trade has its value.*

• **j.** *Don't count your chickens before they hatch.*

• **k.** *Youth must have its fling.*

• **l.** *Forewarned is forearmed.*

• **m.** *There is a right time for everything.*

• **n.** *Better safe than sorry.*

Congratulations!
You have completed chapter 6!
It is now time to add up the icons
and write the results on page 128
for your final assessment.

7

Indefinite adjectives & pronouns

Indefinite adjectives (*Les adjectifs indéfinis*)

Indefinite adjectives and pronouns are used to refer to people or things in a general way instead of referring to a specific person or thing.

Indefinite adjectives agree with the noun they describe and are usually placed before it (**Certains chiens sont agressifs**). They are used in place of an article.

Indefinite pronouns (*Les pronoms indéfinis*)

A pronoun replaces a noun. Indefinite pronouns agree with the noun they replace.

Note: **Quelqu'un** is an exception to this rule.

Indefinite adjectives & pronouns (*Adjectifs et pronoms indéfinis*)

Pronoun	English	Adjective	English
Aucun	*None*	Aucun(s)/Aucune(s)	*No*
Autre(s)	*Another one, other ones, others*	Autre(s)	*Other*
Certains	*Certain ones, some*	Certain(s)/Certaine(s)	*Some*
Chacun/Chacune	*Each one*	Chaque	*Each, every*
		Divers(e)/Divers(es)	*Several, various*
Même(s)	*Same ones*	Le/La/Les même(s)	*The same*
Quelqu'un Quelques-un(e)s	*Someone, somebody a few, some*	Quelque(s)	*Some*
Quelque chose	*Something*		
Personne	*No one, nobody*		
Plusieurs	*Several ones*	Plusieurs	*Several*
Rien	*Nothing, anything*		
Tous/Toutes	*All, everyone, everybody*		
Tout	*All, everything*	Tout/Tous, Toute(s)	*All*

1 Match the French pronouns and adjectives to their English translations.

a. Plusieurs •   • 1. *Each*

b. Certaines •   • 2. *Same*

c. Chaque •   • 3. *All*

d. Rien •   • 4. *None*

e. Même •   • 5. *Some*

f. Tous •   • 6. *Several*

g. Aucune •   • 7. *Nobody*

h. Personne •   • 8. *Nothing*

Tout, tous, toute, toutes
(All, every, everything, everyone, everybody, whole)

When used as an adjective, **tout** is followed by the definite article **le**, **la** or **les** and means *every*, *all* or *whole*:

Il se lève <u>tous les</u> matins à 7 h 45. → *He gets up <u>every</u> morning at 7.45 a.m.*
Elle travaille <u>toute la</u> journée. → *She works <u>all</u> day.*
Les enfants ont mangé <u>toute la</u> tarte. → *The children ate the <u>whole</u> pie.*

Forms:

Masculine Singular	Masculine plural
Tout	**Tous**
Feminine singular	Feminine plural
Toute	**Toutes**

When used as a pronoun, **tout** means *everything*: **Bastien a tout acheté !** → *Bastien bought everything!* And **tous/toutes** means *all, everyone, everybody*: **Ils sont tous venus.** → *Everyone came.*

2 In the examples below, write whether *tout, tous, toute* or *toutes* are pronouns (PR) or adjectives (ADJ).

a. <u>Tous</u> aiment sa nouvelle coiffure.   → ....

b. J'ai aimé <u>tous</u> les livres de Marc Levy. → ....

c. <u>Toutes</u> sont déjà au restaurant.   → ....

d. <u>Toute</u> la salle était silencieuse.   → ....

e. Mon cousin a <u>tout</u> bu !   → ....

3 Translate the sentences of exercise 2 into English.

a. ....

b. ....

c. ....

d. ....

e. ....

4 Fill in the blanks using either *tout, tous, toute* or *toutes*.

a. Audrey a .... mangé !

b. .... les filles portaient une robe rose.

c. .... sont partis à 21 h.

d. .... le pays était choqué par cette disparition.

e. Elle les attend .... devant la poste.

f. .... les bijoux ont disparu !

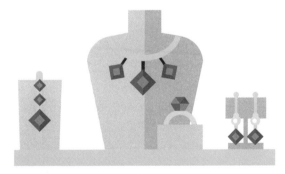

Expressions with *tout*

Après tout	*After all*	**Tout à fait**	*Completely, entirely, absolutely*
En tout cas	*In any case*	**Tout à l'heure**	*A little while ago, in a little while*
Pas du tout	*Not at all*		
Tout à coup	*Suddenly*	**Tous les deux jours**	*Every other day*

Fill in the dialogue with the given expressions.

| **Tout à fait** | **Tout à coup** | **Après tout** | **Pas du tout** | **En tout cas** | **Tout à l'heure** |

« Salut Joël ! Ça va bien ?

– Non, **1.** .... !

– Que s'est-il passé ?

– Je rentrais à la maison en voiture lorsque **2.** ...., une moto m'a percuté (**percuter** = *to crash into*) !

– Oh non ! Quand cela est-il arrivé ?

– **3.** ...., il y a environ 40 minutes.

– C'est de la faute du motard (= *motorcyclist*), n'est-ce pas ?

– Oui, **4.** .... ! **5.** ...., j'espère ne pas avoir à payer pour les dégâts (= *the damages*) !

6. ...., ce n'est absolument pas de ma faute. »

Invariable indefinite adjectives (Les adjectifs indéfinis invariables)

Some indefinite adjectives are invariable (they stay the same).

Chaque (*each*) is only used in the singular form and is always followed by a singular noun: **Chaque jour, elle se lève à 6 h**.

Plusieurs and **divers** (*several*) are only used with plural forms. **Plusieurs** is invariable but **divers** can be feminine or masculine: **J'ai plusieurs crayons de papier dans ma trousse. Ils ont interpreté diverses chansons.**

Quelque, **même** and **autre** don't change in the masculine and feminine forms. You however need to add an **-s** to make them plural: **Il habite le même appartement depuis 5 ans. Elle porte la même robe qu'hier. J'ai les mêmes chaussures que toi !**

Masculine/Feminine Singular	Masculine/Feminine plural
Quelque/Même	**Quelques/Mêmes**

Note: **Quelque** is used in the singular when (it is) an adverb (describing a verb). As an adverb, it means *some*, *around* or *about*. It is invariable: **La poste est à quelque cent mètres.** ➜ *The post office is around 100 metres from here.* It is also invariable in expressions such as **quelque part**, **quelque chose**, etc.

Note: **autre** is always preceded by an article (**un, l', une, d', les**).

6 Fill in the blanks using either *chaque, chacun* or *chacune*.

a. .... maman a préparé un gâteau pour la fête de l'école.

b. Les filles sont ravies. Elles ont une chambre .... !

c. Le professeur distribue un livre à .... élève.

d. Ces bonbons coûtent 50 cents ....

e. Les chambres sont très spacieuses ; .... est équipée d'une salle de bains.

7 Write the right form of the adjective.

a. Il reste .... (quelque/quelques) chocolats dans la boîte.

b. J'ai une .... (autre/autres) casquette dans la voiture.

c. Marianne a les .... (même/mêmes) idées que toi.

d. J'adore ton chien ! Adeline a le .... (même/mêmes).

e. La plage est à .... (quelque/quelques) trois cents mètres d'ici.

f. Clément et son frère sont encore ici. Les .... (autre/autres) sont déjà partis.

Invariable indefinite pronouns (Les pronoms indéfinis invariables)

Personne, rien and **quelque chose** are all invariable indefinite pronouns. **Quelqu'un** becomes **quelques-uns** in the plural. **Personne** is the opposite of **quelqu'un**; and **rien** the opposite of **quelque chose**.

Contrary to the adjective form which agrees in gender and number, the pronoun **tout** when meaning *everything* is also invariable: **Nous comprenons <u>tout.</u>** → *We understand <u>everything</u>.* **<u>Tout</u> est cher.** → *<u>Everything</u> is expensive.*

Note: When meaning *all (of them)*, pronouns **tous/toutes** agree in gender with what they are replacing: <u>**Les filles**</u> **sont arrivées ;** <u>**toutes**</u> **étaient en retard.** → *The girls arrived; all of them were late.*

8 Circle the right pronoun according to the context.

a. Il n'y a **quelqu'un / quelque chose / personne / rien** dans la cuisine.
Où sont tes parents ?

b. Je vais à la pharmacie. Tu as besoin de **quelqu'un / quelque chose /
personne / rien** ?

c. Connais-tu **quelqu'un / quelque chose / personne / rien** qui pourrait
m'aider avec mes devoirs d'espagnol ?

d. Que va-t-on manger ce soir ? Il n'y a **quelqu'un / quelque chose /
personne / rien** dans le frigo !

e. **Quelqu'un / Quelque chose / Personne / Rien** m'a dit que tu avais
trouvé un travail !

f. Je n'ai **quelqu'un / quelque chose / personne / rien** à mettre ce soir
pour sortir !

9 Translate the following sentences into French.

a. All of my girlfriends are on holiday.

➜ ....

b. He ate the whole cake!

➜ ....

c. Each student has got the same book.

➜ ....

d. Fabrice goes to the post office several times a week.

➜ ....

e. Some plates are broken (= **cassées**).

➜ ....

f. There are other glasses in the kitchen.

➜ ....

Congratulations!
You have completed chapter 7!
It is now time to add up the icons
and write the results on page 128
for your final assessment.

8
The passive voice

Active voice vs passive voice
(La voix active et la voix passive)

When a sentence is in the active voice, the subject is the one performing the action. In the passive voice, the subject is not the one performing the action. The performer of the action (called the "agent") may or may not be expressed.

Voix active	Voix passive
Sandrine a écrit le poème. *Subject*	Le poème a été écrit par Sandrine. *Agent*

The passive voice form of a verb consists of **être** (conjugated in the appropriate tense) + past participle. Since **être** is used, the past participle must agree with the subject in gender and number.

Note: Only transitive verbs (verbs followed by a direct object) can be used in the passive.

Forms of **être**:

Present	Perfect	Imperfect
Il est mangé	**Il a été mangé**	**Il était mangé**
Future	Conditional	Past historic
Il sera mangé	**Il serait mangé**	**Il fut mangé**

The passive is often used in journalism or legal, technical and business contexts. It is mainly used to put emphasis on the person or thing performing the action or to focus on the action without identifying the agent.

Note: the passive form is less commonly used in French than in English.

I Conjugate the following verbs in the passive voice.

eg. Les bonbons ont été mangés (manger/perfect) par les enfants.

a. Cette lettre .... (envoyer/perfect) il y a deux semaines.

b. La tarte au citron .... (préparer/perfect) par ma grand-mère.

c. Anette .... (accueillir/future) par Jean-Philippe.

d. Les histoires .... (lire/present) par l'institutrice.

e. Ce roman .... (écrire/perfect) par un jeune auteur talentueux.

f. Les jardins .... (arroser/future) par notre jardinier.

2 Write the tense used in each of the following passive sentences.

a. Les forêts ont été détruites à 80 %. → ....

b. Les orangs-outans seront sauvés si nous collectons les fonds nécessaires.

→ ....

c. Le ministre était protégé. → ....

d. L'imprimerie a été inventée par Gutenberg. → ....

e. La fête est organisée par l'école. → ....

f. Les maisons seraient vendues par l'agent immobilier (= *real estate agent*).

→ ....

3 Turn the following passive sentences into the active voice.

a. Le paysage est peint par l'artiste.

→ ....

b. Le pays a été envahi par les soldats.

→ ....

c. La cathédrale sera construite par l'architecte.

→ ....

d. L'enfant serait mordu par le chien.

→ ....

e. La mairie fut détruite par l'incendie.

→ ....

4 Turn the following sentences into the passive voice.

a. Anaïs a cassé le vase. → ....

b. Le Premier ministre signera l'accord demain matin.

→ ....

c. L'artiste crée cette œuvre d'art. → ....

d. Le professeur punissait les élèves. → ....

e. Vauban construisit cette citadelle. → ....

Prepositions with the passive
(Les prépositions avec le passif)

In most cases, the agent is introduced by the preposition **par**. However, with verbs expressing emotion or opinion such as **aimer**, **admirer**, **haïr**, the preposition **de** is used instead of **par**. Some verbs describing a condition (unchanging state) are also followed by **de**.

 Match the French verbs to their English counterparts (the English can be used twice).

#	French	#	French	#	
1.	Accompagné de	13.	Estimé de	1.	
2.	Admiré de	14.	Étonné de	2.	
3.	Aimé de	15.	Fatigué de	3.	
4.	Apprécié de	16.	Haï de	4.	
5.	Bordé de	17.	Ignoré de	5.	
6.	Connu de	18.	Lassé de	6.	
7.	Couvert de	19.	Oublié de	7.	
8.	Craint de	20.	Précédé de	8.	
9.	Décoré de	21.	Respecté de	9.	
10.	Détesté de	22.	Suivi de	10.	
11.	Entouré de	23.	Surpris de	11.	
12.	Équipé de	24.	Touché de	12.	
				13.	
				14.	
				15.	
				16.	
				17.	
				18.	
				19.	
				20.	
				21.	
				22.	
				23.	
				24.	

a.	Appreciated by	l.	Preceded by
b.	Respected by	m.	Decorated with
c.	Feared by	n.	Admired by
d.	Surrounded by	o.	Lined with
e.	Tired of	p.	Well regarded by
f.	Ignored by	q.	Hated by
g.	Accompanied by	r.	Covered with
h.	Known by	s.	Equipped with
i.	Surprised by	t.	Followed by
j.	Forgotten by	u.	Touched by
k.	Liked by		

6 Fill in the blanks using either *par, de* or *d'*.

a. La maison a été construite .... ses grands-parents.

b. Le sol est couvert .... neige ce matin.

c. La directrice est respectée .... tous ses employés.

d. Le vieille dame a été renversée .... la moto.

e. Les enfants seront accompagnés .... leurs professeurs.

f. Ce repas a été cuisiné .... les parents de Bérengère.

g. Sylvain a été surpris .... vous voir !

h. Le pelouse est bordée .... azalées.

7 Translate the following sentences into French using the past participle followed by *de*.

a. His colleagues hate him. ➜ Il est ....

b. The film will be followed by a debate. ➜ Le film sera ....

c. The chalet is surrounded by big trees. ➜ Le chalet est ....

d. Didier is often being ignored by his cousins. ➜ Didier est ....

e. The house is equipped with a garage. ➜ ....

Avoiding the passive voice (*Éviter la voix passive*)

C'est / Ce sont... qui... can be used in order to emphasize the subject: **Ce portrait a été dessiné par un enfant.** ➜ **C'est un enfant qui a dessiné ce portrait.** (implying that it is surprising that a child drew it).

On (impersonal subject pronoun) can be used instead of the passive if the action is being or can be performed by a person that does not need to be identified: **On fabrique beaucoup de voitures dans cette région.** ➜ *Many cars are manufactured in this region.*

On must be used instead of the passive with verbs followed by the preposition **à** such as **demander à, dire à, écrire à, envoyer à, téléphoner à**.

In English, it is sometimes acceptable to put a sentence in the passive by making the indirect object the subject: *Someone gave a book to Laura.* ➜ *Laura was given a book.* However, this cannot be done in French. In this situation, **on** must be used: **Quelqu'un a donné un livre à Laura.** ➜ **On a donné un livre à Laura.** ~~Laura a été donnée un livre.~~ *Someone asked me to leave.* ➜ *I was asked to leave.* **Quelqu'un m'a demandé de partir.** ➜ **On m'a demandé de partir.** ~~J'ai été demandé de partir.~~

8 Transform the following sentences so as to use *C'est / Ce sont... qui*.

eg. Le chien aboie dans le jardin. → <u>C'est</u> le chien qui aboie dans le jardin.

a. Sonia a préparé les crêpes.

→ ....

b. Tes frères ont rangé ta chambre.

→ ....

c. Tu lui offriras son nouveau pantalon.

→ ....

d. Amandine a raconté toute la vérité. → ....

e. Les enfants ont cassé le vase. → ....

f. Tes rires l'ont réveillé. → ....

9 Turn the following passive sentences into sentences with *On*.

a. La pièce de théâtre a été annulée.

→ ....

b. Le voleur a été arrêté.

→ ....

c. Le français est parlé dans plus de 30 pays.

→ ....

d. La décision a été prise hier soir.

→ ....

e. L'environnement est négligé.

→ ....

f. La mairie a été bâtie en 1985.

→ ....

The passive with reflexive verbs (Le passif et les verbes réfléchis)

Reflexive verbs can also be used in order to avoid using the passive. Reflexive verbs should always be used with an active subject.

Transform the following sentences in order to use a reflexive verb (mind the tense).

a. Il a très bien vendu son roman.

→ Son roman .... (se vendre).

b. Vous devrez prendre ce médicament avec un verre d'eau.

→ Ce médicament .... (se prendre).

c. Les gens parlent français à Montréal.

→ Le français .... (se parler).

d. Il faut boire le vin rouge à température ambiante.

→ Le vin rouge .... (se boire).

e. On lui a offert une très jolie bague.

→ Elle .... (se faire offrir).

f. On pourrait observer cette nouvelle tendance à Tokyo.

→ Cette nouvelle tendance .... (s'observer).

Congratulations!
You have completed chapter 8!
It is now time to add up the icons
and write the results on page 128
for your final assessment.

More on prepositions

Prepositions with means of transports
(Prépositions et moyens de transport)

We usually use **en** when travelling in an enclosed transport. **Par** can sometimes be used instead of **en** but not always.

We usually use **à** when travelling on/outside an open form of transport.

I Match each French transport expression to its illustration.

1. En / Par avion • • a. ![taxi]

2. En / Par bateau • • b. ![horse]

3. À bicyclette / vélo • • c. ![plane]

4. En bus • • d. ![tram]

5. À cheval • • e. ![skis]

6. À moto • • f. ![train]

7. À pied • • g. ![ship]

8. En / Par train • • h. ![car]

9. En taxi • • i. ![motorcycle]

10. En tramway • • j. ![walking person]

11. À ski • • k. ![bicycle]

12. En voiture • • l. ![bus]

Prepositions expressing manner
(Prépositions exprimant la manière)

We usually use **en** when travelling in an enclosed transport. **En** followed with a gerund can also express manner: **Il est sorti en claquant la porte.** → *He left the room slamming the door. – He slammed the door on his way out.*

We usually use **à** when travelling on/outside an open form of transport. Also, the French expression **à la** means "in the style of" / "in the manner of", such as **à la japonaise**, *Japanese-style.*

Avec or **sans** can also be used to express manner, as in: **Il a fait ses exercices de maths sans effort.** → *He completed his maths exercises without effort.*

 Match the following expressions to their English translations.

1. (Chanter) à tue-tête •
2. À voix haute •
3. À vapeur •
4. À la diable •
5. À la française •
6. En ordre •
7. (Fait) à la main •
8. À la traîne •
9. À voix basse •
10. À la mode de •

• a. *In a piquant sauce*
• b. *In a hushed voice*
• c. *Handmade*
• d. *French-style*
• e. *Steam (-powered)*
• f. *Aloud*
• g. *At the top of one's voice*
• h. *In the style of*
• i. *In order*
• j. *Lagging behind*

 **Translate the following sentences into French using the prepositions** *en, par, à, avec* **or** *sans.*

a. We are going to school by bus. → ....

b. This vase was handmade. → ....

c. In the past, people would travel on horseback. → ....

d. She left the room crying. → ....

e. Will you go to Portugal by plane? → ....

f. He entered the house cautiously. → ....

g. I will be coming to the party with pleasure. → ....

Prepositions expressing cause
(Prépositions exprimant la cause)

Prepositions expressing a cause can either imply a negative result or a positive one. Make sure you choose the appropriate one.

De	Various
Par	Various
Pour	Various
À cause de*	*Because of*
En raison de	*Because of*
De fait, étant donné, vu	*In view of, given*
Grâce à**	*Thanks to*
Faute de	*By lack of*
À force de	*By dint of*

Note: * **À cause de** is used when the result is negative.
** **Grâce à** is used when the result is positive.

4 Fill in the blanks using the appropriate prepositions.

FAUTE DE   PAR   **GRÂCE À**   POUR   À FORCE DE   **DE**   EN RAISON DE

a. Romain n'est pas triste ! Il pleure .... joie !

b. Martine aime cette ville .... son calme.

c. Nous sommes rentrés .... la pluie.

d. .... temps, nous n'avons pu visiter le musée.

e. .... Marc, j'ai réussi mon examen.

f. Guillaume a été malade .... manger trop de bonbons.

g. Il est parti vivre en Italie .... amour.

5 Translate the sentences from exercise 4 into English.

a. ....

b. ....

c. ....

d. ....

e. ....

f. ....

g. ....

Prepositions expressing opposition and restriction
(Prépositions exprimant l'opposition et la restriction)

An opposition preposition emphasizes an apparent clash between two facts. A restriction preposition expresses an exception to a statement.

Restriction		Opposition	
En dehors de + nom	*Apart from, outside, besides*	**Au lieu de** + inf	*Instead of*
Excepté + nom	*Except for*	**Contrairement à** + nom	*Contrary to, as opposed to*
Hormis + nom	*Except for*	**En dépit de** + nom	*In spite of*
Faute de + nom	*For lack of*	**Malgré** + nom	*Despite*
Sauf + nom	*Except for*		

6 Translate the following sentences into English.

a. They did not go on holidays for lack of money.

→ ....

b. All the guests have arrived except for my cousin!

→ ....

c. In spite of the heat, my parents went to see the pyramids.

→ ....

d. Contrary to appearances, Sofian is very generous.

→ ....

e. Bénédicte ordered fish instead of the chicken that she orders usually.

→ ....

Prepositions expressing purpose (Prépositions exprimant le but)

Afin de + inf	*In order to*
De façon à + inf	*So as to*
De manière à + inf	*So as to*
De peur de + inf / noun	*For fear of*
Pour + inf / noun	*For*
En vue de + inf + noun	*With a view to*
Dans l'intention de + inf	*With the intention of*
Dans le but de + inf	*With the intention of*

Prepositions of purpose are words that are used to express an intention, a goal. They answer the question *why?* (**Pourquoi ?**): *He was sick because of what he ate.* → **Il était malade à cause de ce qu'il a mangé.**

7 Match the beginning of each sentence to its logical end.

1. Fleur a préféré conduire •
2. J'ai économisé de l'argent •
3. Sébastien porte une casquette •
4. Nous mangeons moins de gâteaux •
5. Elle a commencé à courir •
6. Mon père a accepté ce nouvel emploi •

• a. **afin de** se protéger du soleil.
• b. **dans le but** de perdre du poids.
• c. **de peur d'**arriver en retard.
• d. **en vue d'**une augmentation de salaire.
• e. **de peur que** le train ne soit annulé.
• f. **pour** acheter une voiture.

8 Translate the matched sentences from exercise 7 into English.

a.

b. ....

c. ....

d. ....

e. ....

f. ....

g. ....

9 Circle the prepositions and write what each is being used for.

Categories: Place / Time / Manner / Cause / Opposition / Purpose

a. Emma étudie à l'université pour faire plaisir à ses parents.

→ ....

b. Romuald va venir me voir en avril.

→ ....

c. Pascale est arrivée en retard à son rendez-vous en raison des grèves de bus.

→ ....

d. En dépit de son âge, ma grand-mère marche 5 kilomètres tous les jours !

→ ....

e. La pharmacie se trouve à côté de la poste.

→ ....

f. Diane est sortie du cinéma en pleurant.

→ ....

10 Fill in the blanks using the appropriate prepositions (use each once).

au lieu de   sauf   en dehors de   **en dépit de**   hormis   contrairement

a. .... quelques enfants, tous ses copains étaient là.

b. Tout le monde est venu, ... ses parents.

c. Personne .... Marie et Constant ne doit connaître la vérité.

d. .... la pluie, nous avons mangé dehors !

e. .... aux rumeurs, l'acteur ne s'est pas marié.

f. Il faut étudier .... jouer aux jeux vidéo.

Congratulations!
You have completed chapter 9!
It is now time to add up the icons
and write the results on page 128
for your final assessment.

The pluperfect indicative

The pluperfect tense (Le plus-que-parfait)

The pluperfect is a tense that is used to talk about an action that happened in the past before another past action. See the sentence: **Nous sommes arrivés à 16 heures, mais il était déjà parti avec sa mère.** → *We arrived at 4 p.m., but he had already left with his mother.*

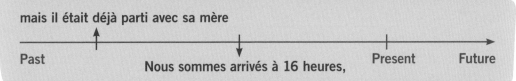

mais il était déjà parti avec sa mère

Past   Nous sommes arrivés à 16 heures,   Present   Future

This other past action is usually conjugated in the perfect or the imperfect tenses. It is a compound tense formed with the imperfect indicative of the auxiliaries **avoir** or **être** followed by a past participle.

I Fill in the blanks by conjugating *avoir* and *être* in the imperfect indicative.

To Be	Être	To Have	Avoir
I was	J'........................	*I had*	J'........................
You were	Tu	*You had*	Tu ....
He/She was	Il/Elle	*He/She had*	Il/Elle ....
We were	Nous	*We had*	Nous ....
You were	Vous	*You had*	Vous ....
They were	Ils/Elles	*They had*	Ils/Elles ....

The past participle (Le participe passé)

How do you know which auxiliary to use with your past participle? Well, do you remember **MRS VANDERTRAMP?** This acronym is meant to help you remember which verbs take **être** as an auxiliary (*French for beginners* p.65).

2 How do you know which auxiliary to use with your past participle? Well, do you remember MRS VANDERTRAMP? This acronym is meant to help you remember which verbs take *être* as an auxiliary (French for beginners p.65).

	Verb	Translation
M	**Monter**	*To go up*
R		
S		
V		
A		
N		
D		
E		
R		
T		
R		
A		
M		
P		

3 Write the past participle form of the following verbs, then translate into English.

Infinitive	Past participle (masculine singular)	Translation
a. Arriver	**Arrivé**	*Arrived*
b. Manger		
c. Partir		
d. Aller		
e. Finir		

f. Descendre	....	....
g. Naître	....	....
h. Sortir	....	....
i. Venir	....	....
j. Mourir	....	....
k. Perdre	....	....
l. Lire	....	....
m. Faire	....	....
n. Prendre	....	....
o. Vendre	....	....

4 Fill in each blank using the right verb in its past participle form.

~~PARTIR~~   ALLER   CROIRE   LIRE   PRENDRE   DÉSOBÉIR   RÉSERVER

eg. Nous sommes arrivés à 16 heures, mais il était déjà <u>parti</u> avec sa mère.

a. Il n'y avait pas de place chez ma cousine ; heureusement, papa avait
.... une chambre à l'hôtel !

b. Je voulais un nouveau livre car j'avais .... tous ceux
qui étaient dans sa bibliothèque !

c. Parce qu'il avait dit que c'était l'été en Islande, nous n'avions
.... que des vêtements légers !

d. Nous avons trouvé le chemin facilement parce qu'il était déjà
.... chez Yves.

e. Marceau était grognon car il avait déjà .... la veille.

f. Davy avait .... que tu n'aimais pas sa musique.

Agreement with "être" *(L'accord avec « être »)*

The agreement rules of the perfect tense apply in the pluperfect tense as well. When the auxiliary is **être**, the past participle agrees in gender and number with the subject: **Elle était allée au restaurant. Ils étaient rentrés à 21 heures.**

With verbs taking the **avoir** auxiliary, the past participle agrees in gender and number with a direct object coming before the verb (if the direct object comes after, then the past participle is invariable): **Elle avait acheté la robe. → Elle l'avait achetée.**

Idiomatic expressions with verbs taking "être" *(Expressions idiomatiques avec verbes prenant « être »)*

Aller tout seul	*To be a doddle / To be easy*
Arriver à la cheville	*To not hold a candle to / To be half as good*
Mourir de rire	*To die laughing*
Partir au quart de tour	*To have a short fuse*
Rester sur sa faim	*To be left hungry / To feel there is something missing*
Retourner le couteau dans la plaie	*To twist the knife in the wound*
Sortir tout seul	*To just come out*
Tomber dans le panneau	*To fall for it*
Venir à point	*To come just at the right time*

5 Underline the correct form of the past participle for each sentence.

a. Elles avaient **mangé / mangés / mangée / mangées** tous les bonbons.

b. Les garçons étaient **tombé / tombés / tombée / tombées** dans le panneau !

c. Les tomates étaient pourries ; il les avait **jeté / jetés / jetée / jetées** à la poubelle.

d. Renaud avait **cassé / cassés / cassée / cassées** les assiettes.

e. La robe de Sylvie n'était pas perdue ; Marguerite l'avait **rangé / rangés / rangée / rangées** dans ton placard !

6 *Avoir* or *être*: choose the right auxiliary and conjugate it in the imperfect tense.

a. Elle .... décidé de partir en vacances.

b. Nous .... venus tous ensemble dans la même voiture.

c. Michel .... sorti à toute allure (= *as fast as he could*).

d. Inès et Solange .... fini le gâteau que Caroline .... préparé.

e. Vincent .... descendu du bus puis .... acheté un billet de train.

f. Nous .... déjà allés en Espagne lorsqu'il nous a rendu visite.

7 Replace the complement in each sentence with a pronoun.

eg. Elles avaient mangé les bonbons. → Elles les avaient mangés.

a. Nous avions préparé les lits pour les invités.

→ ....

b. Papa avait déjà sorti les poubelles. → ....

c. J'avais descendu les bagages dans le jardin.

→ ....

d. Zita avait rentré la voiture dans le garage.

→ ....

e. Vous aviez compris les instructions ?

→ ....

8 Conjugate the verbs between brackets in the pluperfect.

a. Nous .... (tomber) dans la piscine !

b. Mathilde .... (porter) tous les sacs de course.

c. Elles .... (répondre) à toutes les questions.

d. J'........................... (sortir) par la porte d'entrée.

e. Tu .... (prendre) ton manteau avant de partir ?

f. Il n'........................... (vendre) son livre d'informatique.

9 Underline the verb forms and write what tense each one is in.

a. Il était mort de rire parce qu'elle avait mis son tee-shirt à l'envers.

➜ ....

b. Nadège était restée sur sa faim car la fin du livre avait été vraiment suprenante.

➜ ....

c. La vérité est sortie toute seule parce que Clément n'avait pas fait suffisamment attention.

➜ ....

d. David avait prétendu être malade et Jérôme est tombé dans le panneau.

➜ ....

e. La pluie est venue à point car les arbustes avaient commencé à dépérir (= *to wither*).

➜ ....

10 Translate the sentences from exercise 9 into English.

a. ➜ ....

....

b. ➜ ....

....

c. ➜ ....

....

d. ➜ ....

....

e. ➜ ....

....

Congratulations!
You have completed chapter 10!
It is now time to add up the icons
and write the results on page 128
for your final assessment.

The past historic tense

The past historic tense (Le passé simple)

The past historic tense indicates an action completed in the past. It is a formal narrative tense and is mainly used in written French and storytelling to describe single, completed actions in the past.

The past historic of regular verbs is formed by dropping the infinitive endings and adding one of the following three types of endings to this stem.

- **Verbs ending in -er** (eg. **aimer, écouter, parler, donner**): **j'aimai, tu aimas, il aima, nous aimâmes, vous aimâtes, ils aimèrent**

Pronoun	Endings	Pronoun	Endings
Je	**-ai**	Nous	**-âmes**
Tu	**-as**	Vous	**-âtes**
Il/Elle	**-a**	Ils/Elles	**-èrent**

- **Verbs ending in -ir** (eg. **dormir, choisir, finir**): **je dormis, tu dormis, il dormit, nous dormîmes, vous dormîtes, ils dormirent** and some verbs ending in **-oir** and almost all verbs ending in **-re** (eg. **dire, prendre, tendre**)

Pronoun	Endings	Pronoun	Endings
Je	**-is**	Nous	**-îmes**
Tu	**-is**	Vous	**-îtes**
Il/Elle	**-it**	Ils/Elles	**-irent**

- **Verbs with past participles ending in -u** (most **-oir** verbs eg. **vouloir, devoir, pouvoir, savoir** and some **-re** verbs eg. **croire, boire, vivre, connaître, descendre**)

Pronoun	Endings	Pronoun	Endings
Je	**-us**	Nous	**-îmes**
Tu	**-us**	Vous	**-ûtes**
Il/Elle	**-ut**	Ils/Elles	**-urent**

1 Match each subject pronoun to its corresponding verb form in the past historic tense.

Je •   • vendîtes

Tu •   • crûmes

Il/Elle •   • donnai

Nous •   • bus

Vous •   • parlèrent

Ils/Elles •   • finit

2 Conjugate the following infinite verbs into the past historic tense.

a. Nous .... (descendre) les escaliers rapidement.

b. Ils .... (voir) la star de cinéma dans le café.

c. Je .... (partir) vers 11 h pour arriver à Cannes à 17 h.

d. Vous .... (choisir) d'aller en Italie plutôt qu'en Espagne.

e. Tu .... (rentrer) à 11 h du soir !

f. Elle .... (donner) son manteau à sa cousine.

3 Translate the sentences from exercise 2 into English.

a. ....

b. ....

c. ....

d. ....

e. ....

f. ....

4 Write the infinite form and translation of each of the following verbs conjugated into the past historic tense.

eg. Ils <u>aimèrent</u> la pièce de théâtre → aimer → *to love*

a. Elle <u>vit</u> un homme masqué dans la banque. → .... → ....

b. Nous <u>mîmes</u> 100 euros dans la tirelire. → .... → ....

c. Ils <u>purent</u> rentrer en voiture. → .... → ....

d. Je <u>pris</u> un billet de train pour Cannes. → .... → ....

e. Vous <u>chantâtes</u> *La vie en rose* d'Édith Piaf. → .... → ....

f. Tu <u>oublias</u> les numéros de téléphone. → .... → ....

5 Translate the following sentences into French using the past historic tense.

a. We chose the most expensive watch in the shop.

→ ....

b. I took a long walk in the forest.

→ ....

c. He went to London and took the underground.

→ ....

d. You (*plur.*) hid the chocolate in the cupboard.

→ ....

e. They (*masc.*) drove all the way to Lille.

→ ....

f. You (*sing.*) drank the whole bottle of Orangina®!

→ ....

6 Circle the right form of the verb in the past historic tense.

a. Vous **utilisez / utilisiez / utilisâtes** l'ordinateur de Sophie pour terminer votre essai.

b. Elle **sortit / sort / sortirent** dans le jardin lorsque la pluie cessa.

c. Nous **quittons / quittâmes / quitta** le pays lorsque la guerre fut déclarée.

d. J'**amenai / amènerai / amène** le gâteau pour l'anniversaire de Gaëtan.

e. **Concluaient / Conclurent / Conclûtes** -ils que l'accusé était coupable ?

f. Tu **dors / dormiras / dormis** profondément jusqu'au petit matin (= *until early morning*).

The past historic of irregular verbs
(Les verbes irréguliers au passé simple)

Some verbs can undergo spelling changes in the past historic tense or may have an irregular verb stem.

1. Spelling changes occurring in the past historic tense:

- verbs ending in **-ger** change the **-g** to **-ge** before **-a** in order to maintain the soft **-g**: **manger** ➜ **je mangeai, tu mangeas, il/elle mangea, nous mangeâmes, vous mangeâtes, ils/elles mangèrent.**
- verbs ending in **-cer** change the **-c** to **-ç** before **-a** in order to maintain the soft **-c**: **placer** ➜ **je plaçai, tu plaças, il/elle plaça, nous plaçâmes, vous plaçâtes, ils/elles placèrent**. This rule also applies to verbs ending in **-cevoir** such as **recevoir, apercevoir** or **décevoir.**

7 Conjugate the following verbs in the past historic tense.

a. Tu .... (effacer) le tableau rapidement.

b. Tes parents .... (divorcer) en 2015.

c. Il y a deux ans, nous .... (voyager) en helicoptère.

d. Je .... (mélanger) le bleu et le jaune pour obtenir du vert.

e. Alain et toi .... (déranger) les voisins avec votre bruyante moto.

f. Le voleur .... (menacer) le responsable du magasin avec un couteau.

To be and To have in the past historic tense

Être	Avoir
Je fus	J'eus
Tu fus	Tu eus
Il/Elle fut	Il/Elle eut
Nous fûmes	Nous eûmes
Vous fûtes	Vous eûtes
Ils/Elles furent	Ils/Elles eurent

8 Use the right form of either *être* or *avoir* in the past historic tense according to the context.

a. Christophe et moi .... très surpris de voir ta mère au match de rugby !

b. ....-ils suffisamment de place dans la voiture avec tous les bagages ?

c. Vous .... faim aussi puisque vous n'aviez pas mangé de la journée !

d. Je .... ravie de votre présence à la conférence.

e. Nous .... la joie d'accueillir le président du club.

f. Les joueuses de l'équipe de basket-ball .... accueillies par leurs familles.

9 Translate the sentences from exercise 8 into English.

a. ....

b. ....

c. ....

d. ....

e. ....

f. ....

The past historic of common irregular verbs (Les verbes irréguliers fréquents au passé simple)

French	English	Stem
Boire [bwar]	*To drink*	**bu-**
Connaître [konehtr]	*To know*	**connu-**
Construire [koh^{n}strew-eer]	*To build*	**construis-**
Courir [kooreer]	*To run*	**couru-**
Craindre [kra^{n}dr]	*To fear*	**craigni-**

French	English	Stem
Croire [krwar]	*To believe*	cru-
Devoir [duhvwar]	*To have to*	du-
Dire [deer]	*To say*	di-
Écrire [aykreer]	*To write*	écrivi-
Faire [fehr]	*To do*	fi-
Lire [leer]	*To read*	lu-
Mettre [mehtr]	*To put*	mi-
Mourir [mooreer]	*To die*	mouru-
Naître [nehtr]	*To be born*	naqui-
Ouvrir [oovreer]	*To open*	ouvri-
Peindre [paⁿdr]	*To paint*	peigni-
Plaire [plehr]	*To please*	plu-
Pouvoir [poovwar]	*To be able to*	pu-
Prendre [prahndr]	*To take*	pri-
Recevoir [ruhsuhvwar]	*To receive*	reçu-
Savoir [savwar]	*To know*	su-
Tenir [tuhneer]	*To hold*	tin-
Venir [vuhneer]	*To come*	vin-
Vivre [veevr]	*To live*	vécu-
Voir [vwar]	*To see*	vi-
Vouloir [voolwar]	*To want*	voulu-

10 Conjugate the following verbs in the past historic tense.

Je .... (tenir)   Vous .... (plaire)

Tu .... (recevoir)   Ils .... (mourir)

Je .... (devoir)   Vous .... (ouvrir)

Tu .... (peindre)   Nous .... (prendre)

Je .... (vivre)   Elle .... (savoir)

Tu .... (boire)   Nous .... (vouloir)

Ils .... (faire)   Il .... (voir)

Vous .... (pouvoir)   Nous .... (connaître)

Elles .... (écrire)   Elle .... (construire)

11 Underline verbs in the past historic tense in green, verbs in the imperfect tense in red and infinitives in **black**.

« Je me déplaçai avec précaution. Il me fallait avancer lentement afin de ne pas alerter les habitants de la maison. Au loin, un chien aboya. Des enfants passèrent devant la maison en chantant. Alors que je les observais discrètement par la fenêtre, mon pied se prit dans le tapis et je trébuchai. En essayant de me rattraper, je me cognai contre le meuble du salon et un vase tomba. Le fracas causé par sa chute résonna dans toute la maison et me fit trembler. Avaient-ils entendu ? »

12 Match the French verbs with their English translations.

1. Construire •   • a. *To be born*
2. Courir •   • b. *To hold*
3. Craindre •   • c. *To open*
4. Croire •   • d. *To have to*
5. Devoir •   • e. *To believe*
6. Mourir •   • f. *To take*
7. Naître •   • g. *To build*
8. Ouvrir •   • h. *To please*
9. Peindre •   • i. *To run*
10. Plaire •   • j. *To be able to*
11. Pouvoir •   • k. *To paint*
12. Prendre •   • l. *To fear*
13. Tenir •   • m. *To die*

13 Translate the following verbs and conjugate them in the past historic tense.

a. Nous .... (*to go*) dîner au restaurant japonais.

b. Ils .... (*to open*) exceptionnellement le magasin à huit heures du matin.

c. Vous .... (*to believe*) que le manteau appartenait à Lydia.

d. Tu .... (*to receive*) la lettre de Xavier samedi dernier.

e. Je .... (*to come*) au monde en janvier 1985.

f. Nous .... (*to live*) heureux et .... (*to have*) beaucoup d'enfants.

Congratulations!
You have completed chapter 11!
It is now time to add up the icons
and write the results on page 128
for your final assessment.

Demonstrative adjectives & pronouns

Demonstrative adjectives *(Les adjectifs démonstratifs)*

These adjectives are used to express *this*, *that*, *these* or *those*.

The plural form is the same for masculine and feminine (**ces fleurs ; ces arbres**).

In the masculine singular, **ce** becomes **cet** in front of a silent **h** or a vowel (**cet homme ; cet avocat**).

These adjectives agree with the noun they precede.

If you need to make a distinction, just add **-ci** (*this*) or **-là** (*that*) to the noun (cette **assiette-ci**, ce **jour-là**). **-ci** and **-là** are also used in order to point out how close or how far something or someone is (**-ci** = **ici**; **-là** = **là-bas**).

	Masculine	Feminine
Singular	**Ce/Cet**	**Cette**
Plural	**Ces**	**Ces**

---

1 Fill in the blanks using either *ce, cet, cette* or *ces*.

a. J'adore .... jupe !

b. Il veut .... jeux vidéo.

c. Nous avons immédiatement reconnu .... homme.

d. Vous n'aimez pas .... plat. Il est trop épicé.

e. .... tableaux sont-ils à vendre ?

f. .... arbre est immense !

2 Translate the following sentences into French.

a. Those flowers smell very good. → ....

b. This child is very grumpy. → ....

c. I love this song. → ....

d. We hate that subject. → ....

e. Would you like this cake? → ....

f. These exercises are so difficult. → ....

Difference between "ces" and "ses" (Différence entre « ces » et « ses »)

Ces is a plural demonstrative adjective whereas **ses** is a plural possessive adjective. In order to know which one to use, try and replace them by their singular form. **Il a vendu <u>ses</u> livres (= les siens) = Il a vendu <u>son</u> livre ≠ Il a vendu <u>ces</u> livres (= ceux-là) = Il a vendu <u>ce</u> livre.**

3 Turn the plural adjectives into the singular. Then indicate whether it is a demonstrative adjective (dem.) or a possessive adjective (poss.).

eg. Nous avons vu <u>ces</u> chiens quelque part.
→ Nous avons vu <u>ce</u> chien quelque part. → dem.

a. J'ai perdu **ses** clés hier soir.

→ .... → ....

b. Nous avons dévoré **ces** délicieux bonbons.

→ .... → ....

c. Noah a terminé **ces** puzzles très rapidement.

→ .... → ....

d. Vous n'aimez pas **ses** amis.

→ .... → ....

e. Gabin a finalement remboursé **ses** dettes.

→ .... → ....

f. **Ces** moules n'ont pas bon goût.

→ .... → ....

4 Translate the sentences from exercise 3 into English.

a. ....
b. ....
c. ....
d. ....
e. ....
f. ....

Demonstrative pronouns *(Les pronoms démonstratifs)*

These pronouns translate into *the one(s) which/who* and are often followed by **de**, **qui/que/dont** or **-ci/-là** (see lesson accross) often to point things out: **Quel film vas-tu voir au cinéma ce soir ?** – <u>**Celui qui**</u> parle de la Première Guerre mondiale. **Quels livres as-tu lus ?** – J'ai lu <u>ceux que</u> tu m'avais recommandés. **Quels pêches voulez-vous ?** – <u>**Celles-là**</u>, s'il vous plaît.

	Singular		Neutral	Plural	
	Masc.	Fem.		Masc.	Fem.
Singular	**Celui**	**Celle**	**Ce/C'**	**Ceux**	**Celles**
Compound	**Celui-ci** **Celui-là**	**Celle-ci** **Celui-là**	**Ceci** **Cela/Ça**	**Ceux-ci** **Ceux-là**	**Celles-ci** **Ceux-là**

5 Fill in the blanks using either *celui, celle, celles, ceux*.

a. <u>Le film</u> que tu préfères. ➜ .... que tu préfères.

b. <u>Les garçons</u> que tu as rencontrés. ➜ .... que tu as rencontrés.

c. <u>La porte</u> que tu as fermée. ➜ .... que tu as fermée.

d. <u>Le chat</u> que tu as adopté. ➜ .... que tu as adopté.

e. <u>Les maisons</u> que tu as visitées. ➜ .... que tu as visitées.

f. <u>La voiture</u> que tu as empruntée. ➜ .... que tu as empruntée.

6 Replace each following noun with a pronoun and conjugate the verbs in parenthesis in the perfect tense.

eg. <u>La femme</u> que tu (inviter). ➜ Celle que tu as invitée.

a. <u>Les enfants</u> que tu (disputer). ➜ ....

b. <u>La voiture</u> que je (acheter). ➜ ....

c. <u>Le pique-nique</u> que nous (faire) au parc. ➜ ....

d. <u>Les tomates</u> que tu (acheter). ➜ ....

e. <u>Les vêtements</u> que tu (emmener). ➜ ....

f. <u>Les poissons</u> que tu (pêcher). ➜ ....

7 Look at the sentences in exercise 7 and fill in the following grammatical summary.

With tenses formed with **avoir** such as the perfect, there is no **a.** ....
when the direct **b.** .... comes **c.** .... the verb. In exercice 6,
the past participles after **avoir d.** .... with the **e.** .... object
because the object is placed **f.** .... the **g.** ....

The demonstrative pronoun *ce/c'*
(Le pronom démonstratif « *ce/c'* »)

The demonstrative pronoun **ce** is the neutral form of the pronoun **celui**. It is usually used before relative pronouns such as **ce que, ce qui, ce dont** (<u>Ce que j'ai vu m'a choqué !</u>) and with the expression **c'est**. It can replace a noun phrase (**C'est rare <u>un chien végétarien</u> !**) or a whole sentence (**<u>Il n'est pas venu à la fête</u> : c'est surprenant !**)

With a third person plural pronoun, **ce/c'** is usually followed by a third person plural verb (ce <u>sont</u> ses framboises ; C'<u>étaient</u> eux.)

8 Fill in the following blanks using either *Ce, C', C'est* or *Ce sont*.

a. .... sont nos vélos.

b. .... leurs parents.

c. .... eux qui ont mangé la tarte aux pommes !

d. .... est ma grande sœur.

e. .... une fille !

f. .... sont elles qui ont volé le foulard !

g. .... des livres passionants.

h. .... le livre dont je t'ai parlé.

9 Match the French expressions to their English equivalents.

1. **Ce n'est pas grave !** [suh neh pa grav] •

2. **C(e n)'est pas de la tarte !** (slang) •
[s(uh n)eh pa duh la tart]

3. **C(e n)'est pas la mer à boire !** •
[s(uh n)eh pa la mehr a bwar]

4. **C(e n)'est pas tes oignons !** (slang) •
[suh neh pa tay zonee-oh^n]

5. **C'est dans la poche !** [seh dah^n la posh] •

6. **C'est le pied !** [seh luh pee-ay] •

7. **C'est n'importe quoi !** [seh na^{n}portuh kwa] •

8. **C'est nul !** (slang) [seh newl] •

9. **Ça alors !** [sa alor] •

10. **Ça m'est égal !** [sa meh taygal] •

11. **Ça roule (ma poule) ?/!** [sa rool (ma pool)] (slang) •

12. **Ça te changera les idées.** •
[sa tuh shah^{n}jzra lay zeeday]

13. **Ça te/vous dit ?** [sa tuh/voo dee] •

• a. *I don't mind/care!*

• b. *It's rubbish!*

• c. *Are you up for it?*

• d. *Don't worry about it! – No big deal.*

• e. *It's not easy!*

• f. *How's it going? – Sure / That works!*

• g. *It's none of your business!*

• h. *It will take your mind off things.*

• i. *It's in the bag!*

• j. *It's not that difficult!*

• k. *It's great!*

• l. *That's nonsense/ridiculous!*

• m. *How about that? – Wow!*

10 Translate the following sentences into French.

a. I am going to the cinema tonight. Are you up for it?

→ ....

b. The exam was so easy! It's in the bag!

→ ....

c. Don't be sad! Come with me to Paris! It will take your mind off things!

→ ....

d. Renaud, you can cycle to school! It's not that difficult!

→ ....

e. I hated that movie! It was really rubbish!

→ ....

f. Stop asking me all these questions! It is none of your business!

→ ....

"Ceci", "cela", "ça"

Ceci, like **-ci**, refers to something (or someone) close in time or space whereas **cela** (note: no accent on the **a**), like **-là**, refers to something (or someone) distant in time or space. **Cela** however is more commonly used.

Ça is mainly used in conversational French and can have a pejorative connotation. They can all replace a noun, an infinitive or a whole proposition.

Underline the segment that *ceci*, *cela* **or** *ça* **replaces.**

eg. <u>Les tomates</u>, je déteste ça.

a. Aller au théâtre, j'adore ça !

b. Delphine n'est pas encore rentrée. Cela m'inquiète.

c. Je trouve ça vraiment moche, la couleur orange.

d. Il s'est mis à crier. Ça m'a terrifiée !

e. Regardez cette fenêtre brisée ! Ceci est le résultat de votre inattention.

f. Le racisme, je trouve cela inadmissible !

Congratulations!
You have completed chapter 12!
It is now time to add up the icons
and write the results on page 128
for your final assessment.

13

The simple future tense & the future perfect tense

Forming the future (Formation du futur)

All verbs, whether they are regular or irregular, have the same endings in the future tense. Most verbs add the endings below to their infinitive form. However, **-re** verbs drop the **-e** from their infinitive form.

- **-er** verbs

J'aimer-**ai***	Nous aimer-**ons**
Tu aimer-**as**	Vous aimer-**ez**
Il/Elle aimer-**a**	Ils/Elles aimer-**ont**

- **-ir** verbs

Je finir-**ai**	Nous finir-**ons**
Tu finir-**as**	Vous finir-**ez**
Il/Elle finir-**a**	Ils/Elles finir-**ont**

- **-re** verbs

Je vendr-**ai**	Nous vendr-**ons**
Tu vendr-**as**	Vous vendr-**ez**
Il/Elle vendr-**a**	Ils/Elles vendr-**ont**

* **Note:** There is no **-s** at the end of this verb form for the first person singular. With an **-s**, it becomes the conditional (**j'aimerais aller** = *I would like to go*).

I Circle the verbs in the future.

a. Demain ? Je rentre / rentrais / rentrerai à la maison après la piscine.

b. Vous mangeriez / mangez / mangerez le reste des pâtes demain soir.

c. Tu choisiras / choisissais / choisis les bonnes réponses, j'en suis sûre !

d. Nous prendrons / prenions / prenons le bus numéro 542 pour aller au stade.

e. Elles passera / passeront / passons la soirée chez leurs voisins.

f. Antoine sortit / sortait / sortira du travail à vingt heures tous les soirs.

2 Conjugate the verbs in the future tense.

a. Ce week-end, Lucas .... (pêcher) avec son père.

b. Rentrez vite ! Il fait si froid ! Je vous .... (préparer) un bon chocolat chaud !

c. Les enfants .... (partir) en colonie au mois de juillet, pendant les grandes vacances.

d. Nous .... (rendre) notre rédaction la semaine prochaine.

e. Vous .... (acheter) les timbres pour Jean demain.

f. Louis et Tom .... (réfléchir) aux conséquences de leur action.

Common irregular verbs in the future (Verbes irréguliers courants au futur)

Some verbs do not use their infinitive form as a stem and are irregular. Here are some common ones:

Aller	J'irai	Faire	Je ferai	Savoir	Je saurai
Avoir	J'aurai	Falloir	Il faudra	Tenir	Je tiendrai
Courir	Je courrai	Mourir	Je mourrai	Valoir	Je vaudrai
Devenir	Je deviendrai	Obtenir	J'obtiendrai	Venir	Je viendrai
Devoir	Je devrai	Pleuvoir	Il pleuvra	Voir	Je verrai
Envoyer	J'enverrai	Pouvoir	Je pourrai	Vouloir	Je voudrai
Être	Je serai	Recevoir	Je recevrai		

Some verbs have some slight spelling modifications, such as:

Acheter	J'achèterai
Appeler	J'appellerai
Essuyer	J'essuierai
Jeter	Je jetterai
Nettoyer	Je nettoierai
Préférer	Je préférerai

3 Tick the right form of each verb in the future tense.

Pouvoir	Je pourrais	Je pouvais	Je pourrai	
Faire	Il fera	Il faisait	Il ferait	
Jeter	Nous jetons	Nous jeterons	Nous jetterons	
Appeler	Vous appellerez	Vous appelerez	Vous apellerez	
Mourir	Tu mourais	Tu mouras	Tu mourras	
Être	Ils seront	Ils seraient	Ils soient	
Venir	Je viendrais	Je viendrai	Je venais	
Voir	Elle verrait	Elle vît	Elle verra	

4 Translate the following sentences into French.

a. It will rain tomorrow afternoon.

→ ....

b. We will clean the bathroom after dinner.

→ ....

c. You (*sing.*) will be able to come into the house later.

→ ....

d. They will receive the parcel (= **le colis**) next week.

→ ....

e. I will buy a new coat in the winter.

→ ....

f. You (*pl.*) will know if you have passed the exam in September.

→ ....

5 Fill in the following crossword with the appropriate future tense forms (irregular & regular).

	1	2	3	4	5	6	7	8	9	10	11	12	13	14
a.														
b.														
c.														
d.														
e.														
f.														
g.														
h.														
i.														
j.														
k.														
l.														

1. (They) will see
3. (I) will raise
6. (You/pl.) will want
8. (You/sing.) will die
11. (I) will get
14. (We) will go

a. (She) will love
c. (He) will laugh – (They) will be worth
e. (They) will be able to
f. (I) will go
g. (You/sing.) will hold
i. (You/pl.) will be
j. (We) will play
l. (She) will scream

The future tense after subordinating conjunctions (Le futur après les conjonctions de subordination)

In English, the present tense is used after *when* but in French, the future is used after **quand/lorsque**: *We will be in France when you arrive in Italy.* → **Nous serons en France quand tu arriveras en Italie**.

6 Match each French conjunction to its English translation.

a. **Après que** [apreh kuh] •   • 1. *As soon as*

b. **Au moment où** [oh momahⁿ oo] •   • 2. *After*

c. **Aussitôt que** [ohseetoh kuh] •   • 3. *While*

d. **Dès que** [day kuh] •   • 4. *Once*

e. **Lorsque** [lorskuh] •   • 5. *As long as*

f. **Pendant que** [pahⁿdahⁿ kuh] •   • 6. *As soon as*

g. **Quand** [kahⁿ] •   • 7. *When*

h. **Tant que** [tahⁿ kuh] •   • 8. *When*

i. **Une fois que** [ewn fwa kuh] •   • 9. *At the moment (when)*

Note: Since **si** clauses express a condition, the future cannot be used. If the main clause is in the future (first conditional), then the **si** clause is in the present tense (**si je la <u>vois</u> demain, je lui <u>dirai</u> bonjour**) or in the perfect tense (**Tu lui <u>expliqueras</u> la leçon si elle n'<u>a</u> pas <u>compris</u>**).

7 Translate the following sentences into French using the future tense.

a. I will go to school as soon as Dad arrives.

→ ....

b. She will be happy when her dog comes back home.

→ ....

c. You (*pl.*) will have the car when it is repaired.

→ ....

d. You (*sing.*) can go out once you finish your homework.

→ ....

e. As long as there are men on this planet, there will be wars.

→ ....

f. As soon as we receive our new passports, we will travel to Europe.

→ ....

Forming the future perfect tense
(Formation du futur antérieur)

The future perfect tense is formed by using the future form of the auxiliary **avoir** or **être** followed by a past participle: **J'aurai mangé** le gâteau. → *I will have eaten the cake.*

All the verbs that use **être** in the perfect tense use **être** in the future perfect.

When the auxiliary verb is **être**, the past participle must agree with the subject. With **avoir**, the past participle agrees with a direct object placed before the verb (there is no agreement with indirect objects).

8 Circle the correct form of each verb conjugated in the future perfect tense.

a. J'aurais nettoyé / aurai nettoyé / aurait nettoyé le four quand tu rentreras.

b. Vous aurai appelé / auriez appelé / aurez appelé vos parents à la fin de la journée ?

c. Il se lèvera quand l'alarme aura sonné / auront sonné / sonnera.

d. Nous cuisinerons dès que nous aurez fait / aura fait / aurons fait les courses.

e. Je suis sûre qu'il t'aidera une fois que tu aura expliqué / auras expliquée / auras expliqué la situation.

f. Je ferai l'appel dès que tout le monde seront arrivés / sera arrivé / serait arrivé.

Use of the future perfect tense *(Usage du futur antérieur)*

The future perfect tense is used to express an event that will have happened or will have been completed by a given time in the future.

Elle **aura fini** le livre	quand tu **rentreras**.
Future perfect – 1st event	*Simple future – 2nd event*

It is generally used after conjunctions of time such as **quand**, **lorsque**, **dès que** and so on (when the perfect tense would be used in English).

If you wish to use the negative form, you simply need to place **ne... pas** on either side of the auxiliary **être** or **avoir** (Je <u>n'</u>aurai <u>pas</u> terminé ; Il <u>ne</u> sera <u>pas</u> encore rentré).

9 Conjugate the following verbs into the future perfect tense.

a. Tu pourras lui montrer ta nouvelle robe, quand elle .... (descendre).

b. Tu pourras regarder la télévision lorsque tu .... (finir) d'essuyer la vaisselle.

c. Il travaillera quand il .... (déjeuner).

d. Nous achèterons son cadeau lorsque nous .... (recevoir) notre salaire.

e. Demain à 22 heures, elle .... (revenir) de son voyage en Espagne.

f. Les enfants .... déjà .... (partir) à l'école lorsque tu rentreras du travail.

10 Conjugate all the verbs to either the future tense or the future perfect tense.

a. Tu .... (pouvoir) aller au cinéma lorsque tu .... (ranger) tes affaires.

b. Une fois que le film .... (finir), nous .... (aller) en ville.

c. Nous .... (manger) le dessert après que tes cousins .... (arriver).

d. Je .... (prendre) des vacances lorsque j'......................... (finaliser) le dossier.

e. Lorsque tu .... (se coucher), les enfants .... déjà .... (s'endormir).

f. Une fois que Clarisse .... (acheter) les billets, nous la .... (rembourser).

Fill in the following table by conjugating each verb in the near future, simple future and future perfect with the given subject.

Verb	Near future	Simple future	Future perfect
Aimer	*Je vais aimer*	*J'aimerai*	*J'aurai aimé*
Aller	Il	Il	Il
Pouvoir	Vous	Vous	Vous
Acheter	Elles	Elles	Elles
Manger	Vous	Vous	Vous
Avoir	Tu	Tu	Tu
Faire	Nous	Nous	Nous
Savoir	Elle	Elle	Elle
Être	Je	Je	J'
Envoyer	Tu	Tu	Tu
Tenir	Nous	Nous	Nous

Congratulations!
You have completed chapter 13!
It is now time to add up the icons and write the results on page 128 for your final assessment.

Balancing tenses
La concordance des temps

Balancing tenses (*La concordance des temps*)

In complex sentences, there is a relationship between the verb in the main clause and the verb in the subordinate clause*.

In order to determine the appropriate tense for each verb, you need to understand the chronological relationship between the various segments of a sentence: does the action of the verb in the main clause occur before, during or after the action of the verb in the subordinate clause?

* A clause is a group of words containing a subject and a verb. A main clause can exist on its own (*I love cakes*) whereas a subordinate clause cannot and is introduced by a conjunction such as "because" or "after" or a pronoun such as "who" or "which."

I For each sentence below, write the order in which the actions take place.

eg. Il **a arrêté** de travailler après qu'elle **est arrivée**. → 1. B – 2. A

     A   B   *First, she arrived then he stopped working.*

a. Je **sais** que tu **as menti**. → 1. ...... – 2. ......
     A   B

b. Pénélope **pense** que tu **n'iras pas** en Irlande. → 1. ...... – 2. ......
             A   B

c. Son frère lui **dit** qu'il **doit** arrêter de chanter. → 1. ...... – 2. ......
               A   B

d. **Pouvez**-vous me dire où vous **étiez** hier soir ? → 1. ...... – 2. ......
     A   B

e. Pauline **ne savait pas** que vous **étiez** déjà **rentrés**. → 1. ...... – 2. ......
           A   B

f. Valentine m'**avait promis** que nous **irions** à la patinoire. → 1. ...... – 2. ......
               A   B

Expressing anteriority *(Exprimer l'antériorité)*

In a sentence where the main clause's action occurs before the subordinate clause's, the rules are as follows:

Main clause (1)	Subordinate clause (2)
Past (perfect, imperfect, past historic) **Je savais**	Present conditional / Subjunctive **que tu viendrais avec nous.**
Present/Future **Je crois** **Je refuserai**	Future / Subjunctive present **qu'il pleuvra.** **que tu viennes.**

Conjunctions expressing anteriority *(Les conjonctions exprimant l'antériorité)*

Avant que (+ subj.) + (ne)	*Before*
En attendant que (+ subj.)	*Until, while waiting for*
Jusqu'à ce que (+ subj.)	*Until*
Jusqu'au moment où (+ ind.)	*Until the moment*

2 Conjugate the verbs in the appropriate tenses to express anteriority of the main clause.

a. Je vais faire la vaisselle en attendant que tu .... (finir) de t'habiller.

b. Je le trouvais timide jusqu'à ce que je .... (faire) sa connaissance.

c. Nous avons suivi le bâteau des yeux jusqu'au moment où il ....
(disparaître) du port.

d. Je dors un peu avant que nous ne .... (voyager).

e. J'irai le voir avant qu'il .... (partir).

f. Ils se dépêchent de rentrer avant que l'orage ....
(éclater).

3 Match each sentence beginning to its logical end.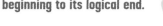

1. Je pense qu'un jour •

2. Julia discutait avec
la secrétaire en attendant que •

3. Maman espère •

4. Sophie est rentrée avant que •

5. Rangeons nos chambres avant que •

6. Tu as attendu jusqu'au moment où •

• **a.** la pluie ne commence à tomber.

• **b.** Noah sera ingénieur.

• **c.** le médecin la reçoive.

• **d.** le train est entré en gare.

• **e.** que je réussirai mes examens.

• **f.** papa et maman ne rentrent à la maison.

Expressing simultaneity (*Exprimer la simultanéité*)

In a sentence where the subordinate clause's action occurs at the same time as the main clause's, the two verbs are usually conjugated in the same tense (past → past; present → present; future → future). However, note that the imperfect can be used with any other past tense and the present can have a future meaning.

The tense must be chosen according to the context.

Main clause (1/2)	Subordinate clause (1/2)
Past historic **Ils se marièrent**	Past historic or imperfect **lorsqu'ils furent prêts.**
Imperfect **Mon chien aboyait**	Perfect **quand je suis arrivé.**
Imperfect **Il savait**	Imperfect or past historic **que tu avais un frère.**
Present **Je regarde la télévision**	Present or subjunctive present **pendant que tu prépares le repas.**
Future **Je te rendrai ton tee-shirt**	Present or subjunctive present or future **quand tu passeras me voir.**

Conjunctions expressing simultaneity
(Les conjonctions exprimant la simultanéité)

Alors que (+ ind.)	*While*
Au moment où (+ ind.)	*At the moment when*
Aussi longtemps que (+ ind.)	*As long as*
Chaque fois que (+ ind.)	*Whenever, each time*
Comme (+ ind.)	*As, like*
Depuis que (+ ind.)	*Since*
En même temps que (+ ind.)	*At the same time that*
Maintenant que (+ ind.)	*Now that*

Pendant que (+ ind.)	*While*
Quand/Lorsque (+ ind.)	*When*
Tandis que (+ ind.)	*While*
Tant que (+ ind.)	*As long as*
Toutes les fois que (+ ind.)	*Whenever, every time*

4 Circle the verb form that expresses simultaneity in each sentence.

a. Tu feras un gâteau pendant que je suis / serai / fut dans le jardin.

b. Les clients se taisent / se turent / se tairont au moment où il entra dans le restaurant.

c. Léa se prélassait au bord de la piscine pendant que Louis joua / jouait / eut joué au tennis.

d. J'éternue toujours lorsque je sortis / sors / sortirai de la maison.

e. Quand il m'a vue, il m'a souri / me sourit / me souriait.

f. Mon mari a pris son petit déjeuner pendant que je fis / faisais / fais le lit.

5 Conjugate each verb in the appropriate tense to express simultaneity.

a. Je .... (penser) qu'il est malade.

b. Il .... (faire) très chaud lorsque l'orage éclata.

c. Gaspard dormait quand tu .... (arriver).

d. Quand le chat n'est pas là, les souris .... (danser).

e. Je l'attendais devant le cinéma lorsque je l'..................... (apercevoir).

f. Charline .... (répondre) au téléphone quand elle sera disponible.

6 Translate the following sentences into French.

a. He watches television while he works.

➜ ....

b. The phone rang at the moment when he went out.

➜ ....

c. There was an earthquake (= **tremblement de terre**) while they were at the beach.

➜ ....

d. Whenever it is sunny, I walk to the office.

➜ ....

e. Julian will listen to music while taking his shower.

➜ ....

f. I will love Marc as long as I live.

➜ ....

Expressing posteriority (*Exprimer la postériorité*)

In a sentence where the main clause's action occurs after the subordinate clause's, the rules are as follow.

Main clause (2)	Subordinate clause (1)
Past historic **Nous dormîmes**	Past anterior **dès que le film fut terminé.**
Imperfect **Je mangeais**	Pluperfect **dès que le repas était servi.**
Present **Je regarde la télé**	Perfect **lorsque j'ai fini mes devoirs.**
Future **Elle partira**	Future perfect **dès que tu seras rentré.**

Conjunctions expressing posteriority (*Les conjonctions exprimant la postériorité*)

Après que (+ ind.)*	*After*	**Sitôt que** (+ ind.)	*As soon as*
Aussitôt que (+ ind.)	*As soon as*	**Une fois que** (+ ind.)	*Once*
Depuis que (+ ind.)	*Since*		
Dès que (+ ind.)	*As soon as*		
Quand / Lorsque (+ ind.)	*When*		

* Note that while **avant que** is followed by the subjunctive, **après que** is followed by the indicative.

7 Write what tense is used for each verb then write which action occurs first then second.

eg. Corinne partit (*past historic*) dès qu'elle eut vu (*past anterior*) Sophia.

First action	Second action
elle eut vu	**partit**

a. Nous jouerons (.........................) au football lorsque nous serons inscrits (.........................).

First action	Second action
....	....

b. Dès que j'ai pris ma douche (.........................), je téléphone (.........................) à Marie.

First action	Second action
....	....

c. Chloé pleurera (.........................) dès qu'elle aura appris (.........................) la nouvelle de son accident.

First action	Second action
....	....

d. Aussitôt qu'ils furent rentrés (.........................), l'orage éclata (.........................).

First action	Second action
....	....

e. Dès que j'avais fini (.........................) mon travail, je sortais (.........................).

First action	Second action
....	....

f. Je me couche (.........................) lorsque j'ai préparé (.........................) mon sac.

First action	Second action
....	....

8 Conjugate each verb in the appropriate tense to express the main clause's posteriority and write the tense you chose.

a. Tes parents sont allés au restaurant où nous .... (manger) le mois dernier. ➜ ....

b. Peux-tu me rappeler le nom du livre dont tu m' .... (parler) hier ? ➜ ....

c. Fabienne a retrouvé les clés que j'............................ (perdre).
➜ ....

d. Jérôme ne savait pas que vous .... (partir).
➜ ....

e. J'irai voir la pièce de théâtre que tu .... (aimer).
➜ ....

f. Nous préparerons le café avant qu'il ne .... (se réveiller). ➜ ....

9 Translate the following sentences into French.

a. I play football when I have finished my homework.
➜ ....

b. You will go to your friend's house when you have tidied your room.
➜ ....

c. We watched television as soon as she had left.
➜ ....

d. Antoinette will brush her teeth when she will have finished her dinner.
➜ ....

e. I was telling her what I had seen.
➜ ....

f. He will answer the question they have asked him.
➜ ....

Indicate whether the following sentences' main clauses express anteriority, simultaneity or posteriority.

	A	S	P
a. Pendant que Jules va au café, <u>Marie fait les courses</u>.			
b. Aussitôt qu'il aura fini le ménage, <u>il jouera aux cartes avec toi</u>.			
c. <u>Je joue au basket-ball avec Grégory</u> avant qu'il n'aille à l'école.			
d. <u>Il s'endormira</u> lorsque je lui chanterai une berceuse.			
e. En attendant que tu arrives, <u>je regarde mon film préféré</u>.			
f. Dès que tu auras passé ton permis de conduire, <u>je te prêterai ma voiture</u>.			
g. Tant qu'il fait froid, <u>je garde mon bonnet</u>.			

Balancing tenses after "si" (La concordance des temps après « si »)

si +	present	simple future
Si	tu <u>aimes</u> ce chanteur,	je t'<u>emmènerai</u> à son concert.
si +	imperfect	present conditional
Si	tu le <u>voulais</u>,	nous <u>pourrions</u> aller en Italie.
si +	pluperfect	past conditional
Si	tu <u>avais rangé</u> ta chambre,	elle ne t'<u>aurait</u> pas <u>puni</u>.

The past conditional (Le conditionnel passé)

The past conditional is used to express <u>what would have taken place</u> in the past if another event had occurred. It is a compound tense which comprises of an auxiliary (**avoir** or **être**) in the conditional form and of the past participle of the main verb (**j'aurais dit, tu serais allé**). When the auxiliary is **être**, the past participle agrees in gender and in number with the subject.

11 Conjugate the following verbs in the past conditional.

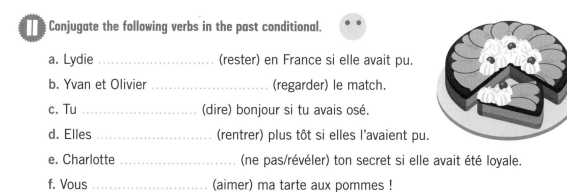

a. Lydie .... (rester) en France si elle avait pu.

b. Yvan et Olivier .... (regarder) le match.

c. Tu .... (dire) bonjour si tu avais osé.

d. Elles .... (rentrer) plus tôt si elles l'avaient pu.

e. Charlotte .... (ne pas/révéler) ton secret si elle avait été loyale.

f. Vous .... (aimer) ma tarte aux pommes !

12 Conjugate the following verbs in the appropriate tense.

a. Si tu manges ces bonbons, tu .... (avoir mal) au ventre.

b. Vous auriez de meilleures notes si vous .... (faire) vos devoirs régulièrement.

c. Si elle avait amené son livre, elle .... (ne pas/s'ennuyer).

d. Tes sœurs .... (pouvoir) skier s'il y avait suffisamment de neige.

e. Claire .... (ne pas/rencontrer) Martin si elle n'avait pas manqué son avion.

f. Je passerai te chercher si tu .... (ne pas/avoir) ta voiture.

13 Match each sentence beginning to its logical end.

1. J'irai en Espagne •   • a. si vous lisiez la consigne correctement.

2. Lucien lui offrirait une montre •   • b. si je gagne suffisamment d'argent.

3. Vous comprendriez l'exercice •   • c. si nous n'avions pas de dettes.

4. Tu pourras rentrer en France •   • d. s'il le pouvait.

5. Nous achèterions une voiture •   • e. si tu étais plus souriant.

6. Tu aurais plus d'amis •   • f. si tu reçois ton passeport à temps.

Congratulations!
You have completed chapter 14!
It is now time to add up the icons
and write the results on page 128
for your final assessment.

Review

The following exercises aim at reviewing what you have learnt throughout this workbook.

1 Jobs (chapter 2): Match each French word to its illustration.

 1. •

• 4.

• a. Enseignante •

• b. Mécanicien •

• c. Informaticien •

 2. •

• 5.

• d. Ingénieure •

• e. Pompière •

• f. Plombier •

3. •

• 6.

2 Indefinite articles (chapter 2): Translate the following sentences into French.

a. Emma and Jules do not have pets.

→ ....

b. Lucas is an amazing teacher!

→ ....

c. Nabil's parents are muslim.

→ ....

d. Mila and Enzo have very interesting games.

→ ....

e. I saw a massive spider in the garage!

→ ....

f. Clara got a new mobile for her birthday. How lucky!

→ ....

3 Family and articles (chapter 2): Observe the family tree and write sentences as shown in the example.

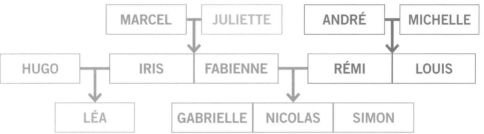

eg. Marcel ➜ Léa = **Marcel est le grand-père de Léa.**

a. Louis ➜ Nicolas = ...

b. Gabrielle ➜ Nicolas = ...

c. Iris ➜ Nicolas = ...

d. Michelle ➜ Nicolas = ...

e. Léa ➜ Nicolas = ...

f. Iris ➜ Juliette = ...

g. Rémi ➜ Fabienne = ...

h. Iris ➜ Hugo ....

i. Nicolas ➜ André = ...

4 Food and drinks (chapter 2): Match each French word to its illustration and write whether the French word is masculine (M) or feminine (F).

a. Framboise   .... •   • 1.

b. Champignons .... •   • 2.

c. Frites   .... •   • 3.

d. Raisins   .... •   • 4.

e. Cerises   .... •   • 5.

f. Jus de fruits .... •   • 6.

g. Tartines   .... •   • 7.

5 Partitive articles (chapter 2): Fill in the blanks using either *du*, *de la*, *de l'* or *des*.

« Bonjour Madame, que désirez-vous commander aujourd'hui ?

– Bonjour ! Alors, J'aimerais un steak hâché, s'il vous plaît. Et je voudrais

a. .... frites et b. .... salade comme accompagnement. Comme

boisson, je prendrai c. .... jus d'orange mais aussi d. .... eau si

cela est possible.

– Oui, bien sûr, Madame. Désirez-vous un dessert ? e. .... glace peut-être ?

– Oui, en effet ! Très bonne idée. Nous prendrons aussi f. .... tarte au citron

et g. .... gâteau au chocolat ! Merci ! »

6 Pronouns *En* & *Y* (chapter 3): Create sentences using the tense indicated and adding either *en* or *y*.

eg. Le dentiste ? / Oui / Nous / aller / **Perfect**
→ Le dentiste ? Oui, nous y sommes allé(e)s.

a. En Australie ? / Non / Je / Aller / **Perfect**

→ ....

b. Du café ? / Oui / Ils / Vouloir / **Present**

→ ....

c. Des animaux domestiques ? / Non / Nous / Avoir / **Present**

→ ....

d. Au cinéma ? / Oui / Nous / Vouloir aller / **Present**

→ ....

e. Des chemises ? Oui / Je / Acheter / **Perfect**

→ ....

f. À Paris ? Non / Elle / Aller / **Perfect**

→ ....

7 Idiomatic expressions (chapters 3 & 13): Translate the following sentences into French using idiomatic expressions.

With **en** and **y**

a. I am fed up with hearing my neighbour play the trombone.

➔ ....

b. The car is scratched? I have nothing to do with it!

➔ ....

With **ce/c'** and **ça**

c. This tournament will be easy! The game? It's in the bag!

➔ ....

d. Come on, Romane! This essay? It is not that difficult!

➔ ....

e. This new sofa is so comfortable! It's really great!

➔ ....

f. This recipe is so complicated. It is really not easy…

➔ ....

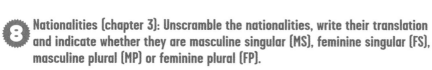

8 Nationalities (chapter 3): Unscramble the nationalities, write their translation and indicate whether they are masculine singular (MS), feminine singular (FS), masculine plural (MP) or feminine plural (FP).

eg.	sseroc	corses	Corsican	MP/FP
a.	aaiifsnnld			
b.	eniiueanctrh			
c.	ssdniaoe			
d.	osssaéic			
e.	iusssse			
f.	qgeeurc			

9 Relative pronouns (chapter 3): Fill in the blanks using either *qui*, *que*, *ce qui* or *ce que*.

a. Je ne veux pas .... tu sortes ce soir !

b. Léo n'est pas venu au rendez-vous, ... m'a mis en colère !

c. L'homme .... vient de rentrer dans le restaurant me paraît suspect.

d. Je ne comprends pas .... tu dis ! Enlève cette cuillère de ta bouche !

e. Devine .... me ferait plaisir : des vacances !

f. La pomme .... je viens de manger n'était vraiment pas bonne !

10 Imperfect or conditional (chapter 4): Conjugate the following verbs in the correct tenses.

a. Si elle .... (**avoir**) suffisamment d'argent, elle .... (**faire**) le tour du monde !

b. Les enfants .... (**ne pas avoir**) le temps d'aller à la piscine si nous .... (**aller**) au restaurant ce midi.

c. Thomas .... (**venir**) te voir s'il .... (**avoir**) le temps !

d. Si j'........... (**être**) toi, je .... (**vendre**) ce vieux vélo.

e. Il .... (**être**) plus calme s'il .... (**boire**) moins de café !

f. Les garçons .... (**manger**) toute la journée s'ils le .... (**pouvoir**) !

11 Perfect and imperfect (chapter 4): Translate the following sentences into French.

a. You were eating a sandwich when I arrived.

→ ....

b. It was raining when Thomas called.

→ ....

c. She went to the party while her parents were sleeping.

→ ....

d. Léa was in the garden when I broke her vase.

→ ....

e. As the weather was beautiful, we went for a walk in the woods.

→ ....

f. Dad was 40 when I was born.

→ ....

Direct and indirect speeches (chapter 5): Turn the following direct statements into indirect ones.

a. Ma sœur m'a demandé : « As-tu fini tes devoirs pour demain ? »

➜ ....

b. Inès a répondu : « Je préfère rester à la maison ce week-end. »

➜ ....

c. Alexa admit : « Je n'étais pas vraiment malade hier. »

➜ ....

d. Valentin et Sarah ont annoncé : « Nous nous marions l'année prochaine ! »

➜ ....

e. Son père lui a ordonné : « Range ta chambre immédiatement ! »

➜ ....

f. J'ai aussitôt ajouté : « Je ne veux pas de garçons à ma fête. »

➜ ....

Impersonal structures and idiomatic expressions (chapitre 6): Guess the French expressions from the given clues and translate them into English.

a. ➜ ....

b. ➜ ....

c. ➜ ....

d. ➜ ....

14 Indefinite adjectives and pronouns (chapter 7): Fill in the blanks using the words in the box.

| TOUTES | PLUSIEURS | AUCUNE | PERSONNE | CHACUN | TOUS |

a. C'est étrange ! .... ne répond au téléphone ce matin !

b. Je n'ai encore reçu .... réponse à ma lettre.

c. Sacha a-t-il des animaux domestiques ? Oui, il en a .... : un chat, un hamster et une perruche.

d. .... ont aimé la galette comtoise d'Audrey.

e. Les garçons sont ravis ! Ils ont reçu un puzzle ....

f. Les poules sont malades. .... doivent être examinées par le vétérinaire.

15 Verbs and prepositions *d' / de / par* (chapter 8): Circle the correct preposition.

a. Le professeur est très apprécié **d'** / **de** / **par** ses élèves.

b. Ce livre a été écrit **d'** / **de** / **par** des étudiants.

c. La salade de pommes de terre a été préparée **d'** / **de** / **par** Marie-Pierre.

d. Le sapin de Noël est couvert **d'** / **de** / **par** très jolies guirlandes.

e. Cette moto est équipée **d'** / **de** / **par** un moteur très puissant.

f. Le verbe est précédé **d'** / **de** / **par** un sujet.

16 Active form (chapter 8): Put the sentences of exercise 15 in the active form.

a. Les élèves ....

b. ....

c. ....

d. ....

e. ....

f. ....

17 Prepositions (chapter 9): Fill in the blanks using the appropriate preposition.

a. Adrien est allé en Angleterre .... avion.

b. Nous nous sommes rendus à l'auberge .... cheval ! C'était tellement romantique !

c. Aurélie était si heureuse qu'elle s'est mise à chanter .... tue-tête !

d. Nicolas était tellement en colère qu'il est sorti .... claquant la porte !

e. Manon est partie vivre au Québec .... amour.

f. J'aimerais commander la palette (= *shoulder*) .... la diable, s'il vous plaît.

18 The pluperfect tense (chapter 10): Conjugate the following verbs in the pluperfect.

a. Il .... (**attendre**) une heure avant de prendre l'avion.

b. Thomas .... (**arriver**) avec trente minutes d'avance.

c. Bruno et Pascal .... (**partir**) de bonne heure afin de ne pas manquer leur vol.

d. Nous .... (**enregistrer**) les bagages puis passé les contrôles.

e. Tu .... (**acheter**) un magazine et une bouteille d'eau chez le marchand de journaux.

f. Hélène et Julie .... (**monter**) rapidement dans l'avion.

19 The past historic (chapters 10-11): Read the following extract from the story of *Le Petit Poucet* and conjugate each infinitive in the requested tenses.

« Il **a.** .... (être/*imperfect*) une fois un bûcheron, sa femme et leurs enfants.

Ils **b.** .... (être/*imperfect*) très pauvres. Quand il **c.** .... (venir/*past historic*) au monde, on **d.** .... (appeler/*past historic*) le plus jeune enfant, qui

e. .... (être/*imperfect*) aussi petit qu'un pouce, le Petit Poucet.

Une année, la famine **f.** .... (être/*past historic*) si grande que les parents

g. .... (décider/*past historic*) d'abandonner leurs enfants dans la forêt. Le

Petit Poucet, qui **h.** .... (entendre/*pluperfect*) la conversation de ses parents,

i. .... (se lever/*past historic*) très tôt, **j.** .... (se rendre/*past historic*)

au bord de la rivière et **k.** .... (ramasser/*past historic*) des petits cailloux blancs

qu'il **l.** .... (cacher/*past historic*) dans sa poche. Le même jour, le père et la

mère **m.** .... (abandonner/*past historic*) leurs enfants dans la forêt comme ils

l' **n.** .... (prévoir/*pluperfect*). Lorsqu'ils **o.** .... (réaliser/*past historic*)

que leurs parents **p.** .... (disparaître/*pluperfect*), les enfants **q.** ....

(se mettre/*past historic*) à pleurer, sauf le Petit Poucet qui **r.** .... (laisser/ *pluperfect*) tomber les petits cailloux le long du chemin. Le Petit Poucet **s.** ....

(pouvoir/*past historic*) ainsi ramener ses frères et sœurs chez eux. »

20 The past anterior (chapter 12): Conjugate the following verbs in the past anterior tense.

   a. Gatien partit dès que le film .... (terminer).

   b. Nous mangeâmes lorsque nous .... (finir) la réunion.

   c. Lorsque vous .... (gagner) au loto, vous achetâtes une nouvelle voiture.

   d. Le téléphone sonna aussitôt qu'ils .... (partir).

   e. Aussitôt qu'elles .... (entendre) l'alarme, elles se précipitèrent dehors.

   f. Aurore alla se coucher dès qu'elle .... (arriver).

Demonstrative adjectives and pronouns (chapter 13): Fill in the blanks using *ce, cet, cette, ces, celle, celui, celles* or *ceux*.

a. Quelle chaussures ? .... que je viens d'acheter ?

b. J'adore le restaurant que Sophia nous a conseillé. Tu sais, ...
sur les Champs-Élysées ?

c. Je déteste .... fille. Elle est vraiment mesquine.

d. .... adolescent a eu une enfance très difficile. Soyez gentils avec lui.

e. As-tu vu .... fleurs dans le jardin ? Elles sont magnifiques !

f. Avez-vous retrouvé votre casquette ? .... qui a un aigle sur le côté ?

g. Tu n'as pas rendu .... livre à la bibliothèque ?

h. De quels pantalons parles-tu ? .... qui sont dans le placard
de la chambre d'amis ?

 Prepositions en, *à / au / aux* & *chez* (chapter 14):
Fill in the blanks with the correct prepositions.

a. « Où vas-tu ? – Je vais .... Carole et Timéo. »

b. Lola espère aller .... Japon l'été prochain.

c. Vas-tu .... Italie pendant les prochaines vacances ?

d. Mark est allé .... Tokyo la semaine dernière.

e. .... États-Unis ? Non, elle ne veut pas y aller.

f. Je ne suis pas allée .... le coiffeur finalement.

g. Alice est-elle arrivée .... l'aéroport ?

Future simple (FS) & future perfect (FP) (chapter 15):
Conjugate the following verbs in the requested tenses.

a. Elle .... (pouvoir/FS) prendre des vacances lorsqu'elle

.... (finir/FP) ses examens.

b. Demain, vous .... (aller/FS) au théâtre en taxi.

c. Je .... (choisir/FS) d'aller en Espagne en avion.

d. .... (vouloir/FS)-tu du vin avec ton repas ?

e. Nous .... (ranger/FP) la chambre lorsque

tu .... (rentrer/FS).

f. Oh non ! Quand elle .... (arriver/FS) à la gare,

le train .... déjà .... (partir/FP).

 Subordinating conjunctions (chapter 16): Circle the appropriate answer.

a. Après que / Jusqu'à ce que / Pendant que les invités sont partis,
nous avons rangé la maison.

b. Je te rendrai visite dès que / avant que / aussitôt que tu ne partes.

c. Je t'aiderai aussitôt que / après que / pendant que je le pourrai.

d. Après que / Dès que / Après que le réveil sonnera, nous nous lèverons.

e. Reste dans la voiture après que / le temps que / au moment où j'achète
le journal.

f. Aussitôt que / Jusqu'à ce que / Aussi longtemps que Jeanne est arrivée,
nous avons fait la fête.

g. Attends-moi là une fois que / après que / jusqu'à ce que je revienne.

h. Tu pourras conduire ta nouvelle voiture dès que / pendant que / le temps que
tu auras obtenu ton permis de conduire.

i. J'allais sortir avant que / au moment où / pendant que le téléphone a sonné.

j. Elle a mis la table avant que / aussitôt que / pendant que tu préparais le repas.

Congratulations!
You have completed chapter 15!
It is now time to add up the icons
and write the results on page 128
for your final assessment.

1. Pronunciation & punctuation

1 a. *Au revoir* = Goodbye b. *Salut* = Hi c. *Bienvenue* = Welcome d. *À bientôt* = See you soon e. *Monsieur* = Sir f. *Je m'appelle* = My name is g. *Bonne nuit* = Good night

2 a. [madam] = Misses, Madam b. [sa va] = How are you? / I am OK c. [kookoo] = Hi d. [boh^{n}swar] = Good evening e. [a duhma^n] = See you tomorrow f. [aloh] = Hello (on the phone) g. [bon jzoornay] = Have a nice day

3 : *Les deux-points* « » *Les guillemets* , *La virgule* . *Le point* ? *Le point d'interrogation* ! *Le point d'exclamation* ; *Le point-virgule*

4 a. Elle joue au football et au tennis. b. Je ne veux ni sucre ni lait dans mon café, merci. c. Il y a environ 68 000 spectateurs dans le stade aujourd'hui. d. Carole et Lou ne jouent ni du violon, ni de la flûte, ni du piano. e. Nous avons vu Sophie, Carlos et Paulette. f. Les tomates ont augmenté de 3,5 %. g. Tu es déjà allé en Espagne, mais tu n'es jamais allé au Portugal ?

5 a. j'écoute b. C'est ; l'automne ; l'hiver c. t'entend d. Il n'arrivera e. d'Arthur f. J'irai ; n'irai pas

6 9 = neuf 14 = quatorze 17 = dix-sept 21 = vingt et un 70 = soixante-dix 76 = soixante-seize 82 = quatre-vingt-deux 200 = deux cents

7 a. tens; et b. -s; hundreds c. -s d. masculine e. Un/une; un; une f. un

8 a. *des savoir-faire* (V + V) = know-how b. *des choux-fleurs* (N + N) = cauliflowers c. *des belles-filles* (Adj + N) = daughters-in-law d. *des après-midi* (Prep + N) = afternoons e. *des tire-bouchons* (V + N) = corkscrews f. *des chefs-d'œuvre* (N + Prep + N) = masterpieces

9 a. Jacques a dit : « Tu dois aller te coucher. » (quote) b. Je lui ai dit de parler plus fort. (indirect speech) c. Ah oui, je vois... Il a encore « oublié » de faire ses devoirs ! (*emphasis as a way to express sarcasm*) d. Le dernier livre de Philippe Labro s'intitule *Ma mère, cette inconnue*. (title) e. Je ne comprends pas le mot « îlet » dans cette phrase. (quote)

10 *Un point c'est tout* = That's all there is to it. *Mettre les points sur les i* = to spell things/it out *Entre parenthèses* = on hold / aside / by the way *Ouvrir une parenthèse* = to digress *À la virgule près* = word for word *C'est là le point d'interrogation* = This is the $64,000 question.

2. Nouns & articles

1 Grand-père M Avocate F Chatte F Secrétaire F/M Cousin M Frère M Sœur F Élève M/F

2 a. Une artiste b. Un mécanicien c. Une psychologue d. Un gérant e. Une artisane f. Une informaticienne g. Un plombier

3 a. Je suis psychologue. b. Elle est médecin. c. Tu es charpentier. d. Je suis ingénieur. e. Tu es artisane. f. Il est journaliste.

4 a. des pays b. des animaux c. des cheveux d. des voix e. des chambres f. des canaux g. des bateaux

5 **Plural in -s:** maisons, jours, enfants; **Plural same as singular:** bras, dos, fois; **Plural in -aux:** locaux, hôpitaux, chevaux, journaux; **Plural in -x:** cadeaux, neveux, manteaux, bureaux, jeux

6 a. L' b. Les c. L' d. La e. Le f. La

7 *Le neveu:* The nephew; *La femme:* The wife; *Le fils:* The son; *L'époux:* The husband; *Les enfants:* The children; *La tante:* The aunt; *La sœur:* The sister; *L'oncle:* The uncle

8 a. C'est la maison de Julia. b. C'est le chien d'Édouard c. Mathias est le frère de Murielle. d. Les neveux de Louise sont les cousins de Camille. e. Le grand-père de Nicolas est le père de Louis.

9 a. une b. un c. Ø d. des e. Ø f. Ø

10 a. Quel dîner délicieux ! b. Ils sont Ø journalistes / Ce sont des journalistes. c. Ils ont des arbres dans le jardin. d. Nous n'avons pas de crayons (de papier) dans la cuisine. e. Elle a une sœur et deux frères.

11 a. de b. de c. de la d. de e. du f. Ø

12 a. J'aime mon café avec du sucre et de la crème. b. J'aimerais un kilo de cerises, s'il te/vous plaît. c. Il aimerait de la salade, de la viande avec des frites et du gâteau, s'il te/vous plaît. d. Je ne veux pas de glace, merci.

13 b. de la soupe c. des champignons d. de l'œuf e. du beurre f. du raisin g. de la confiture h. du riz

3. Pronouns

1 a. Il n'en veut pas. b. Sophia n'en boit pas souvent. c. Elles en mangent beaucoup le soir. d. Il n'y en a pas au Canada. e. Ses parents en ont trois. f. Ils en viennent.

2 a. He does not want any. b. Sophia does not often drink some. c. They eat many in the evening. d. There aren't any in Canada. e. His/Her parents have got three (of them). f. They are coming from there.

3 1. j'en ai acheté beaucoup 2. Léa en apporte un au chocolat. 3. Je n'en ai pas ! 4. j'en ai quatre bouteilles !

4 a. Elles y ont habité pendant cinq ans. b. Il y en a huit cents (dans mon école). c. Sylvain y pense souvent. d. Il n'y en a pas sur la table. e. Yves et Guillaume y vont.

5 a. en b. en c. y d. y e. en f. y

6 a. It is time! Let's go! b. This math exercise is too hard! I can't do it! c. It is raining all the time/ It is constantly raining! We have had enough (of it)! d. Arnaud is 26? Are you sure (about it)? e. We have walked over two hours! I am exhausted! f. Valérie is getting married to Alban! I was not expecting that!

7

Flags	Masc. Sing.	Fem. Sing.	Masc. Pl.	Fem. Pl.
	Écossais	Écossaise	Écossais	Écossaises
	Russe	Russe	Russes	Russes
	Danois	Danoise	Danois	Danoises
	Finlandais	Finlandaise	Finlandais	Finlandaises
	Corse	Corse	Corses	Corses
	Portugais	Portugaise	Portugais	Portugaises
	Turc	Turque	Turcs	Turques
	Grec	Grecque	Grecs	Grecques
	Luxembourgeois	Luxembourgeoise	Luxembourgeois	Luxembourgeoises
	Suisse	Suisse	Suisses	Suisses
	Autrichien	Autrichienne	Autrichiens	Autrichiennes
	Polonais	Polonaise	Polonais	Polonaises

8 a. Eux b. Toi c. Vous d. Elles e. Moi f. Elle g. Nous

9 a. Écosse b. Suisse c. Pologne d. Turquie e. Portugal f. Russie g. Danemark h. Finlande i. Autriche j. Luxembourg k. Grèce l. Corse

10 a. Elle regarde un film qui raconte la vie d'Édith Piaf. b. Je n'aime pas les robes que vous portez. c. Je ne trouve pas le livre que Sophie veut. d. Il me raconte une histoire qui est très longue. e. Le jouet qui est cassé est à Charlie.

11 a. qui – que – qui = une assiette b. qui – que – qui = un chapeau c. qui – que – que = un stylo / un crayon (de papier) d. qui – qui – qui = une voiture

12 a. Il chante, ce que je déteste. b. Le garçon qui est dans la cuisine est mon ami. c. Il pleure, ce qui me rend triste. d. L'histoire qu'elle raconte est horrible.

4. The imperfect indicative & the present conditional tenses

1 a. commencions ; commençais b. mangeait ; mangions c. étiez d. menaciez e. prononçait ; prononcions f. voyagions ; voyageait

2 a. L'année dernière, il vivait/habitait à Lyon. b. Ils allaient au restaurant tous les samedis soirs. c. Il faisait très chaud lorsqu'/quand nous nous sommes réveillé(e)s. d. Le docteur/médecin était un homme très gentil/sympathique. e. Nous écoutions de la musique lorsque/quand elle est tombée dans les escaliers.

3

	Imparfait	Passé composé
a.	dormais	a éclaté
b.	se vendaient	-
c.	ne tenait pas	a menti
d.	faisait	suis arrivée
e.	était	a coûté
f.	étions	avons décidé

4 a. *Coûter les yeux de la tête:* To cost a fortune; *Dormir à poings fermés:* To be fast asleep; *Faire la grasse matinée:* To sleep in; *Faire un froid de canard:* To be freezing cold; *Ne pas tenir debout:* To not make sense; *Se vendre comme des petits pains:* To sell like hot cakes

5 a. ont visité ; faisait/a fait b. regardions ; sont entrés c. suis tombé ; était d. finissait ; a eu e. avais – passais f. a lu

6 a. They visited Corsica last year. It was very cold. b. We were watching the television when the robbers came in. c. I fell in love with Emma instantly. She was so beautiful in her red dress! d. Roland was finishing year 12 / in his final year when he had his accident. e. When I was 12, I used to spend all my Wednesdays at my grandparents. f. Léa read this book two years ago, I think.

7 a. avons passé b. avait c. faisait/a fait d. avait e. était f. ont grandi g. étaient h. avons mangé i. ai pris j. sommes allés k. nous sommes baignés l. nous couchions m. étions

8 a. to go b. to run c. to send d. to die e. to know f. to come

9 a. Il appellerait Charles. b. Nous saurions/connaîtrions son nom. c. Vous recevriez une lettre. d. Je ferais un gâteau. e. Ils achèteraient un cadeau. f. Tu pourrais aller au cinéma.

10 a. Pourriez b. aimerait/voudrait c. voudrais d. Auriez e. aimerions f. Pourrais

11 1. d. 2. a. 3. e. 4. b. 5. c. 6. f.

12 a. achèterais ; gagnais b. étudiait ; réussirait c. voyageriez ; aviez d. étions ; aiderions e. feraient ; dormaient

13 a. Achille jouerait au tennis s'il avait le temps. b. Je serais heureuse s'il faisait beau / s'il y avait du soleil. c. S'il était plus grand, il pourrait jouer au basket-ball. d. Claire et Laurence aimeraient beaucoup/adoreraient aller au cinéma si elles avaient le temps. e. Tu partirais maintenant si tu le pouvais !

5. Direct & indirect speech

1 a. IS b. DS c. IS d. IS e. DS

2 a. Tu dis : « Il fait très beau aujourd'hui. » b. Tes parents nous demandent : « Pourquoi portez-vous un chapeau ? » c. Il déclara : « J'ai froid. » d. Nous avons ajouté : « La voiture est au garage. » e. Je dirai : « Nous sommes trop fatigués. »

3

French	English
Affirmer [afeermay]	To assert
Ajouter [ajzootay]	To add
Annoncer [anohⁿsay]	To announce
Crier [kree-ay]	To shout
Déclarer [dayklaray]	To declare
Demander [duhmahⁿday]	To ask
Dire [deer]	To say
Expliquer [ekspleekay]	To explain
Insister [aⁿseestay]	To insist
Ordonner [ordonay]	To order
Répondre [raypohⁿdr]	To answer
Révéler [rayvaylay]	To reveal

4 a. Elle a déclaré qu'elle ne venait pas. b. Il a ajouté que les billets étaient chers. c. Ils/Elles ont expliqué que la porte était fermée. d. J'ai crié que je ne viendrais pas. e. Émilia a demandé si nous avions les clés.

5 a. que b. si/pourquoi c. si/pourquoi d. où/comment e. où/comment f. si/pourquoi

6 a. Julia declared that we were brave. b. Florence and Marcel asked whether/if/why we had a car. c. Camille asked whether/if/why Jean-François was there. d. I asked where his/her bag was/what his/her bag looked like. e. He asked where dad was going/how dad was doing. f. I asked whether/if/why you were late.

7 a. je ; mes b. il ; sa c. nous ; leurs d. je ; elle ; ses e. elle ; ses

8 1. h. 2. g. 3. n. 4. m. 5. e. 6. o. 7. i. 8. d. 9. p. 10. j. 11. c. 12. b. 13. a. 14. k. 15. f. 16. l.

9 a. Yannick m'a dit qu'il partait le surlendemain. b. Mes parents m'avaient annoncé que nous allions en Italie l'année suivante. c. Marie-France a déclaré qu'elle était allée chez Benoît le mois précédent. d. Xavier a demandé où j'étais la veille. e. Suzette a dit qu'elle travaillait à la boulangerie à ce moment-là.

10 a. La prof m'a dit que je devais faire mes devoirs. b. Louise a répondu qu'elle ne voulait pas venir avec nous. c. Jérémy et Clément ont demandé à quelle heure le train arrivait. d. Audrey a admis qu'elle avait mangé trop de chocolat la veille. e. Il m'a ordonné de rester à la maison jusqu'au lendemain.

6. Impersonal verbs & expressions

1 a. The underlined verbs are known as impersonal verbs. They are called "impersonal" because the subject (**il**) does not refer to a real *person*, animal or object. They are generally used in the *third* person singular. The verbs following the impersonal verb are in the indicative or in the *subjunctive* moods (example d.). They can be conjugated in various *tenses* (**il faut, il fallait, il faudra**).

2 a. Ø b. Il faut c. Ø d. Ø e. Il y a f. Ø

3 a. Il y a beaucoup d'enfants dans la cuisine. b. Il n'y avait pas de professeurs/profs à l'école hier. c. Il y aura de la neige ce week-end. d. Il y a une robe rose sur mon lit. e. Il y avait du gâteau au chocolat à la fête. f. Y a-t-il de l'eau dans le frigo ? / Est-ce qu'il y a de l'eau dans le frigo ?

4 a. depuis b. pendant / il y a c. il y a d. il y a e. depuis f. pendant

5 1. d. 2. b. 3. f. 4. a. 5. c. 6. e.

6 a. faudrait b. a fallu c. Faudra d. faut e. Fallait

7 **a.** This project would need to be finished by next week. **b.** We had to call the doctor as he was really sick. **c.** Will we need to bring a sleeping bag this weekend? **d.** We have to hurry if we don't want to be late! **e.** Was I meant / Were we meant to close the front door?

8 **a.** Il est interdit de marcher sur la pelouse. **b.** Il vaut/vaudrait mieux mettre (que tu mettes) un manteau aujourd'hui. **c.** Il s'agit d'une question de grammaire française. **d.** Il vaut mieux que tu cuisines ce soir. **e.** Il est nécessaire de réserver votre billet de train tôt.

9 **1.** c. **2.** e. **3.** f. **4.** d. **5.** b. **6.** a.

10 *Il fait beau.* The weather is nice; *Il fait mauvais.* The weather is bad; *Il fait frais.* It is cool; *Il fait chaud.* It is hot; *Il fait doux.* It is mild; *Il fait froid.* It is cold; *Il fait/Il y a du brouillard.* It is foggy; *Il fait/Il y a du vent.* It is windy; *Il fait/Il y a de l'orage.* It is stormy; *Il fait/Il y a du soleil.* It is sunny.

11 **a.** The weather is awful. **b.** The weather is superb. **c.** It is muggy. **d.** It is overcast. **e.** It is cloudy.

12 **1.** g. **2.** i. **3.** a. **4.** m. **5.** j. **6.** b. **7.** c. **8.** k. **9.** d. **10.** e. **11.** l. **12.** n. **13.** f. **14.** h.

7. Indefinite adjectives & pronouns

1 **a.** 6 **b.** 5 **c.** 1 **d.** 8 **e.** 2 **f.** 3 **g.** 4 **h.** 7

2 **a.** PR **b.** ADJ **c.** PR **d.** ADJ **e.** PR

3 **a.** They all like his/her new hairdo. **b.** I liked all of Marc Levy's books. **c.** They (the girls) are all at the restaurant already. **d.** The whole room was quiet. **e.** My cousin drank everything!

4 **a.** tout **b.** Toutes **c.** Tous (= partis) **d.** Tout **e.** tous/toutes **f.** Tous

5 **1.** pas du tout **2.** tout à coup **3.** Tout à l'heure **4.** tout à fait **5.** En tout cas **6.** Après tout

6 **a.** Chaque **b.** chacune **c.** chaque **d.** chacun **e.** chacune

7 **a.** quelques **b.** autre **c.** mêmes **d.** même **e.** quelque **f.** autres

8 **a.** personne **b.** quelque chose **c.** quelqu'un **d.** rien **e.** Quelqu'un **f.** rien

9 **a.** Toutes mes amies sont en vacances. **b.** Il a mangé tout le gâteau ! **c.** Chaque élève a le même livre. **d.** Fabrice va à la poste plusieurs fois par semaine. **e.** Certaines assiettes sont cassées. **f.** Il y a d'autres verres dans la cuisine.

8. The passive voice

1 **a.** a été envoyée **b.** a été préparée **c.** sera accueillie **d.** sont lues **e.** a été écrit **f.** seront arrosés

2 **a.** perfect **b.** future **c.** imperfect **d.** perfect **e.** present **f.** conditional

3 **a.** L'artiste peint le paysage. **b.** Les soldats ont envahi le pays. **c.** L'architecte construira la cathédrale. **d.** Le chien mordrait l'enfant. **e.** L'incendie détruisit la mairie.

4 **a.** Le vase a été cassé par Anaïs. **b.** L'accord sera signé demain matin par le Premier ministre / par le Premier ministre demain matin. **c.** Cette œuvre d'art est créée par l'artiste. **d.** Les élèves étaient punis par le professeur. **e.** Cette citadelle fut construite par Vauban.

5 **1.** g. **2.** n. **3.** k. **4.** a. **5.** o. **6.** h. **7.** r. **8.** c. **9.** m. **10.** q. **11.** d. **12.** s. **13.** p. **14.** i. **15.** e. **16.** c. **17.** f. **18.** e. **19.** j. **20.** l. **21.** b. **22.** t. **23.** i. **24.** u.

6 **a.** par **b.** de **c.** de/par **d.** par **e.** de/par **f.** par **g.** de **h.** d'

7 **a.** Il est haï de ses collègues. **b.** Le film sera suivi d'un débat. **c.** Le chalet est entouré de grands arbres. **d.** Didier est souvent ignoré de ses cousins. **e.** La maison est équipée d'un garage.

8 **a.** C'est Sonia qui a préparé les crêpes. **b.** Ce sont tes frères qui ont rangé ta chambre. **c.** C'est toi qui lui offrira son nouveau pantalon. **d.** C'est Amandine qui a raconté toute la vérité. **e.** Ce sont les enfants qui ont cassé le vase. **f.** Ce sont tes rires qui l'ont réveillé.

9 **a.** On a annulé la pièce de théâtre. **b.** On a arrêté le voleur. **c.** On parle le français dans plus de 30 pays. **d.** On a pris la décision hier soir. **e.** On néglige l'environnement. **f.** On a bâti la mairie en 1985.

10 **a.** Son roman s'est très bien vendu. **b.** Ce médicament se prendra avec un verre d'eau. **c.** Le français se parle à Montréal. **d.** Le vin rouge se boit à température ambiante. **e.** Elle s'est fait offrir une très jolie bague. **f.** Cette nouvelle tendance s'observerait / pourrait s'observer à Tokyo.

9. More on prepositions

1 1. c. 2. g. 3. k. 4. l. 5. b. 6. i. 7. j. 8. f. 9. a. 10. d. 11. e. 12. h.

2 1. g. 2. f. 3. e. 4. a. 5. d. 6. i. 7. c. 8. j. 9. b. 10. h.

3 a. Nous allons à l'école en bus. b. Ce vase a été fait à la main. c. Autrefois, les gens voyageaient à cheval. d. Elle a quitté la pièce en pleurant. e. Iras-tu au Portugal en avion ? f. Il est entré dans la maison avec précaution. g. Je viendrai à la fête avec plaisir.

4 a. de b. pour c. en raison de d. Faute de e. Grâce à f. à force de g. par

5 a. Romain is not sad! He is crying tears of joy! b. Martine likes this city for its calm. c. We came back home because of the rain. d. We were not able to visit the museum for lack of time. e. Thanks to Marc, I passed my exam. f. Guillaume was sick by dint of eating too many sweets. g. He went to live in Italy out of love.

6 a. Faute d'argent, ils/elles ne sont pas allé(e)s/parti(e)s en vacances. b. Tous les invités sont arrivés sauf mon cousin / ma cousine ! c. Malgré la chaleur, mes parents sont allés voir les pyramides. d. Contrairement aux apparences, Sofian est très généreux. e. Bénédicte a commandé du poisson au lieu du poulet qu'elle commande d'habitude.

7 1. e. 2. f. 3. a. 4. b. 5. c. 6. d.

8 1. Fleur chose to drive for fear of the SNCF going on strike. 2. I saved money in order to buy a car. 3. Sébastien is wearing a cap to protect himself from the sun. 4. We eat fewer cakes for the purpose of/with the intention of losing weight. 5. She started running for fear of arriving late. 6. My father accepted this new position with a view to a pay rise.

9 a. pour = purpose b. en = time c. en raison de = cause d. En dépit de = opposition e. à côté de = place f. en = manner

10 a. Hormis b. sauf c. en dehors de d. En dépit de e. Contrairement f. au lieu de

10. The pluperfect indicative

1 **Être** = J'étais – Tu étais – Il/Elle était – Nous étions – Vous étiez – Ils/Elles étaient **Avoir** = J'avais – Tu avais – Il/Elle avait – Nous avions – Vous aviez – Ils/Elles avaient

2 R = *Retourner* = To return S = *Sortir* = to go out V = *Venir* = To come A = *Arriver* = To arrive N = *Naître* = To be born D = *Descendre* = To go down E = *Entrer* = To enter R = *Rester* = To stay T = *Tomber* = To fall R = *Rentrer* = To come back A = *Aller* = To go M = *Mourir* = To die P = *Partir* = To leave

3 b. *Mangé* = Eaten c. *Parti* = Left d. *Allé* = Gone e. *Fini* = Finished f. *Descendu* = Gone down g. *Né* = Born h. *Sorti* = Gone out i. *Venu* = Come j. *Mort* = Dead (*mouru*) k. *Perdu* = Lost l. *Lu* = Read m. *Fait* = Done/Made n. *Pris* = Taken o. *Vendu* = Sold

4 a. réserver = réservé b. lire = lu c. prendre = pris d. aller = allé e. désobéir = désobéi f. croire = cru

5 a. mangé b. tombés c. jetées d. cassé e. rangée

6 a. avait b. étions c. était d. avaient – avait e. était – avait f. étions

7 a. Nous les avions préparés. b. Papa les avait déjà sorties. c. Je les avais déjà descendus. d. Zita l'avait rentrée. e. Vous les aviez comprises ?

8 a. étions tombé(e)s b. avait porté c. avaient répondu d. étais sorti(e) e. avais pris f. avait pas vendu

9 a. Il était mort = imperfect ; elle avait mis = pluperfect b. Nadège était restée = pluperfect ; la fin du livre était = imperfect c. La vérité est sortie = perfect ; Clément n'avait pas fait = pluperfect d. David avait prétendu = pluperfect ; Jérôme est tombé = perfect e. La pluie est venue = perfect ; les arbustes avaient commencé = pluperfect

10 a. He was laughing his head off because she had put her tee-shirt on inside out. b. Nadège was left unsatisfied as her book ended quite unexpectedly. c. The truth just came out because Clément had not been careful enough. d. David had pretended that he was sick and Jérôme fell for it. e. Rain came at the right time as the shrubs had started to wither.

11. The past historic tense

1 Je donnai – Tu bus – Il/Elle finit – Nous crûmes – Vous vendîtes – Ils/Elles parlèrent

2 a. descendîmes b. virent c. partis d. choisîtes e. rentras f. donna

3 a. We ran down the stairs. / We quickly went downstairs. b. They saw the movie star in the café. c. I left at around 11 am in order to get to Cannes at 5 pm. d. You chose to go to Italy rather than Spain. e. You came back (home) at 11 pm! f. She gave her coat to her cousin.

4 **a.** *voir* = to see **b.** *mettre* = to put **c.** *pouvoir* = to be able to **d.** *prendre* = to take **e.** *chanter* = to sing **f.** *oublier* = to forget

5 **a.** Nous choisîmes la montre la plus chère du magasin. **b.** Je fis une longue promenade dans la forêt. **c.** Il alla à Londres et prit le métro. **d.** Vous cachâtes le chocolat dans le placard. **e.** Ils conduisirent jusqu'à Lille. **f.** Tu bus toute la bouteille d'Orangina® !

6 **a.** utilisâtes **b.** sortit **c.** quittâmes **d.** amenai **e.** Conclurent **f.** dormis

7 **a.** effaças **b.** divorcèrent **c.** voyageâmes **d.** mélangeai **e.** dérangeâtes **f.** menaça

8 **a.** fûmes **b.** Eurent **c.** eûtes **d.** fus **e.** eûmes **f.** furent

9 **a.** Christophe and I were very surprised to see your mother at the rugby game! **b.** Did they have enough space in the car with all the luggage? **c.** You were also hungry since you had not eaten all day! **d.** I was delighted that you came to the conference. **e.** We had the pleasure of welcoming the club's chairman. **f.** The basketball team players were welcomed by their families.

10 Je tins – Tu reçus – Je dus – Tu peignis – Je vécus – Tu bus – Ils firent – Vous pûtes – Elles écrivirent – Vous plûtes – Ils moururent – Vous ouvrîtes – Nous prîmes – Elle sut – Nous voulûmes – Il vit – Nous connûmes – Elle construisit

11 déplaçai – fallait – avancer – alerter – aboya – passèrent – observais – prit – trébuchai – rattraper – cognai – tomba – résonna – fit – trembler – avaient

12 1. g. 2. i. 3. l. 4. e. 5. d. 6. m. 7. a. 8. c. 9. k. 10. h. 11. j. 12. f. 13. b.

13 **a.** allâmes **b.** ouvrirent **c.** crûtes **d.** reçus **e.** vins **f.** vécûmes – eûmes

12. Demonstrative adjectives & pronouns

1 **a.** cette **b.** ces **c.** cet **d.** ce **e.** Ces **f.** Cet

2 **a.** Ces fleurs sentent très bon. **b.** Cet enfant est très grognon. **c.** J'adore cette chanson. **d.** Nous détestons cette matière-là/ce sujet-là. **e.** Aimerais-tu/ Aimeriez-vous ce gâteau-là ? **f.** Ces exercices sont si difficiles.

3 **a.** J'ai perdu sa clé hier soir. = poss. **b.** Nous avons dévoré ce délicieux bonbon. = dem. **c.** Noah a terminé ce puzzle très rapidement. = dem. **d.** Vous

n'aimez pas son ami(e). = poss. **e.** Gabin a finalement remboursé sa dette. = poss. **f.** Cette moule n'a pas bon goût. = dem.

4 **a.** I lost his keys last night. **b.** We wolfed down those delicious sweets. **c.** Noah finished those puzzles very quickly. **d.** You don't like his/her friends. **e.** Gabin eventually paid off his debt. **f.** These mussels taste bad.

5 **a.** Celui **b.** Ceux **c.** Celle **d.** Celui **e.** Celles **f.** Celle

6 **a.** Ceux que tu as disputés. **b.** Celle que j'ai achetée. **c.** Celui que nous avons fait au parc. **d.** Celles que tu as achetées. **e.** Ceux que tu as emmenés. **f.** Ceux que tu as pêchés.

7 **a.** agreement **b.** object **c.** after **d.** agree **e.** direct **f.** before **g.** verb

8 **a.** Ce **b.** Ce sont **c.** Ce sont **d.** C' **e.** C'est **f.** Ce **g.** Ce sont **h.** C'est

9 1. d. 2. e. 3. j. 4. g. 5. i. 6. k. 7. l. 8. b. 9. m. 10. a. 11. f. 12. h. 13. c.

10 **a.** Je vais au cinéma ce soir. Ça te/vous dit ? **b.** L'examen était si facile ! C'est dans la poche ! **c.** Ne sois pas triste ! Viens à Paris avec moi ! Cela te changera les idées ! **d.** Renaud, tu peux aller à l'école à vélo ! Ce n'est pas la mer à boire ! **e.** J'ai détesté ce film ! C'était vraiment nul ! **f.** Arrête(z) de me poser toutes ces questions ! Ce n'est pas tes/ vos oignons !

11 **a.** Aller au théâtre **b.** Delphine n'est pas encore rentrée **c.** la couleur orange **d.** Il s'est mis à crier **e.** cette fenêtre brisée **f.** Le racisme

13. The simple future tense & the future perfect tense

1 **a.** rentrerai **b.** mangerez **c.** choisiras **d.** prendrons **e.** passeront **f.** sortira

2 **a.** pêchera **b.** préparerai **c.** partiront **d.** rendrons **e.** achèterez **f.** réfléchiront

3 Je pourrai – Il fera – Nous jetterons – Vous appellerez – Tu mourras – Ils seront – Je viendrai – Elle verra

4 **a.** Il pleuvra demain après-midi. **b.** Nous nettoierons la salle de bain après le dîner. **c.** Tu pourras entrer dans la maison plus tard. **d.** Ils recevront le colis la semaine prochaine. **e.** J'achèterai un nouveau manteau cet hiver. **f.** Vous saurez si vous avez réussi l'examen en septembre.

5

	1	2	3	4	5	6	7	8	9	10	11	12	13	14
a.	V						A	I	M	E	R	A		
b.	E								O					
c.	R	I	R	A		V	A	U	D	R	O	N	T	
d.	R					O	R				B			
e.	O				P	O	U	R	R	O	N	T		
f.	N		L			D		A			I	R	A	I
g.	T	I	E	N	D	R	A	S			E			R
h.		V				E					N			O
i.		S	E	R	E	Z					D			N
j.		R					J	O	U	E	R	O	N	S
k.		A									A			
l.		I							C	R	I	E	R	A

6 a. 2 b. 7 ou 8 c. 1 ou 6 d. 1 ou 6 e. 7 ou 8 f. 3 g. 9 h. 5 i. 4

7 a. J'irai à l'école dès que / aussitôt que papa arrivera. b. Elle sera contente lorsque/quand son chien rentrera à la maison. c. Vous aurez la voiture quand/lorsqu'elle sera réparée. d. Tu pourras sortir une fois que tu auras fini tes devoirs. e. Tant qu'il y aura des hommes sur cette planète, il y aura des guerres. f. Dès que nous recevrons nos nouveaux passeports, nous voyagerons en Europe.

8 a. aurai nettoyé b. aurez appelé c. aura sonné d. aurons fait e. auras expliqué f. sera arrivé

9 a. sera descendue b. auras fini c. aura déjeuné d. aurons reçu e. sera revenue f. seront (déjà) partis

10 a. pourras ; auras rangé b. sera fini ; irons c. mangerons ; seront arrivés d. prendrai ; aurai finalisé e. te coucheras ; se seront (déjà) endormis f. auras acheté ; rembourserons

11

Verb	Near Future	Simple Future	Future Perfect
Aimer	*Je vais aimer*	*J'aimerai*	*J'aurai aimé*
Aller	Il va aller	Il ira	Il sera allé
Pouvoir	Vous allez pouvoir	Vous pourrez	Vous aurez pu
Acheter	Elles vont acheter	Elles achèteront	Elles auront acheté
Manger	Vous allez manger	Vous mangerez	Vous aurez mangé
Avoir	Tu vas avoir	Tu auras	Tu auras eu
Faire	Nous allons faire	Nous ferons	Nous aurons fait
Savoir	Elle va savoir	Elle saura	Elle aura su
Être	Je vais être	Je serai	J'aurai été
Envoyer	Tu vas envoyer	Tu enverras	Tu auras envoyé
Tenir	Nous allons tenir	Nous tiendrons	Nous aurons tenu

14. Balancing tenses - *La concordance des temps*

1 a. 1. B – 2. A b. 1. A – 2. B c. 1. A/B – 2. A/B d. 1. B – 2. A e. 1. B – 2. A f. 1. A – 2. B

2 a. finisses b. fasse c. a disparu d. voyagions e. (ne) parte f. (n')éclate

3 1. b. 2. c. 3. e. 4. a. 5. f. 6. d.

4 a. serai b. se turent c. jouait d. sors e. m'a souri f. faisais

5 a. pense b. faisait c. arrivas d. dansent e. aperçus f. répondra

6 a. Il regarde la télévision pendant qu'il travaille. b. Le téléphone a sonné au moment où il est sorti. / Le téléphone sonna au moment où il sortit. c. Il y eut / a eu un tremblement de terre pendant qu'ils étaient à la plage. d. Quand il fait beau, je vais au bureau à pied. e. Julian écoutera de la musique pendant qu'il prendra sa douche. f. J'aimerai Marc aussi longtemps que je vivrai.

7 a. simple future (2); future perfect (1) b. perfect (1); present (2) c. simple future (2); future perfect (1) d. past anterior (1); past historic (2) e. pluperfect (1); imperfect (2) f. present (2); perfect (1)

8 a. avons mangé = perfect b. as parlé = perfect c. avais perdues = pluperfect d. étiez parti(e)(s) = pluperfect e. as aimée = perfect f. se réveille = subjunctive present

9 a. Je joue au football quand/lorsque j'ai fini mes devoirs. b. Tu iras chez ton ami(e) quand/lorsque tu auras rangé ta chambre. c. Nous regardâmes la télévision aussitôt qu'elle / dès qu'elle fut partie. d. Antoinette se brossera les dents quand/lorsqu'elle aura fini son dîner. e. Je lui racontais ce que j'avais vu. f. Il répondait à une question qu'ils lui avaient posée.

10 a. S b. P c. A d. S e. A f. P g. S

11 a. serait restée b. auraient regardé c. aurais dit d. seraient rentrées e. n'aurait pas révélé f. auriez aimé

12 a. auras mal > simple future b. faisiez > imperfect c. ne se serait pas ennuyée > past conditional d. pourrraient > present conditional e. n'aurait pas rencontré > past conditional f. n'as pas > present

13 1. b. 2. d. 3. a. 4. f. 5. c. 6. e.

15. Review

1 a. 4 b. 6 c. 1 d. 3 e. 5 f. 2

2 a. Emma et Jules n'ont pas d'animaux domestiques. b. Lucas est un enseignant extraordinaire ! c. Les parents de Nabil sont Ø musulmans. d. Mila et Enzo ont des jeux très intéressants. e. J'ai vu une énorme araignée dans le garage ! f. Clara a reçu un nouveau portable pour son anniversaire. Quelle chance !

3 a. Louis est l'oncle de Nicolas. b. Gabrielle est la sœur de Nicolas. c. Iris est la tante de Nicolas. d. Michelle est la grand-mère de Nicolas. e. Léa est la cousine de Nicolas. f. Iris est la fille de Juliette. g. Rémi est le mari de Fabienne. h. Iris est la femme d'Hugo. i. Nicolas est le petit-fils d'André.

4 a. F 4 b. M 6 c. F 7 d. M 5 e. F 2 f. M 1 g. F 3

5 a. des b. de la c. du d. de l' e. De la f. de la g. du

6 a. En Australie ? Non, je n'y suis pas allé(e). b. Du café ? Oui, ils en veulent. c. Des animaux domestiques ? Non, nous n'en avons pas. d. Au cinéma ? Oui, nous voulons y aller. e. Des chemises ? Oui, j'en ai acheté. f. À Paris ? Non, elle n'y est pas allée.

7 a. J'en ai marre d'entendre mon voisin jouer du trombone. b. La voiture est rayée ? Je n'y suis pour rien ! c. Ce tournoi va être facile ! La partie ? C'est dans la poche ! d. Allez Romane ! Cette dissertation ? Ce n'est pas la mer à boire ! e. Ce nouveau canapé est si confortable ! C'est vraiment le pied ! f. Cette recette est si compliquée. Ce n'est vraiment pas de la tarte…

8 a. finlandais = Finnish = MS/MP b. autrichienne = Austrian = FS c. danoises = Danish = FP d. écossais = Scottish = MS/MP e. suisses = Swiss = MP/FP f. grecque = Greek = FS

9 a. que b. ce qui c. qui d. ce que e. ce qui f. que

10 a. avait (imperfect) ; ferait (conditional) b. n'auraient pas (conditional) ; allions (imperfect) c. viendrait (conditional) ; avait (imperfect) d. étais (imperfect) ; vendrais (conditional) e. serait (conditional) ; buvait (imperfect) f. mangeraient (conditional) ; pouvaient (imperfect)

11 a. Tu mangeais un sandwich lorsque/quand je suis arrivé(e). b. Il pleuvait lorsque/quand Thomas a appelé/téléphoné. c. Elle est allée à la fête pendant que ses parents dormaient. d. Léa était dans le jardin lorsque/quand j'ai cassé son vase. e. Comme il faisait beau, nous sommes allés faire une promenade dans le bois. f. Papa avait 40 ans lorsque/quand je suis né(e).

12 a. Ma sœur m'a demandé si j'avais fini mes devoirs pour le lendemain. b. Inès a répondu qu'elle préférait rester à la maison le week-end suivant / ce week-end-là. c. Alexa admit qu'elle n'était pas vraiment / n'avait pas vraiment été malade le jour précédent. d. Valentin et Sarah ont annoncé qu'ils se mariaient/marieraient l'année suivante. e. Son père lui a ordonné de ranger sa chambre immédiatement. f. J'ai aussitôt ajouté que je ne voulais pas de garçons à ma fête.

13 a. Il n'y a pas de fumée sans feu = There is no smoke without fire. b. Il ne faut pas vendre la peau de l'ours avant de l'avoir tué. = Don't count your chickens before they are hatched. c. Rien ne sert de courir, il faut partir à point. = Nothing is served by running. One must leave on time. d. Le jeu n'en vaut pas la chandelle. = The game is not worth the candle.

14 a. Personne b. aucune c. plusieurs d. Tous e. chacun f. Toutes

15 a. de b. par c. par d. de e. d' f. d'

16 a. Les élèves apprécient beaucoup leur professeur. b. Des étudiants ont écrit ce livre. c. Marie-Pierre a préparé cette salade de pommes de terre. d. De très jolies guirlandes couvrent le sapin de Noël. e. Un sujet précède le verbe.

17 a. par/en b. à c. à d. en e. par f. à

18 a. avait attendu b. était arrivé c. étaient partis d. avions enregistré e. avais acheté f. étaient montées

19 a. était b. étaient c. vint d. appela e. était f. fut g. décidèrent h. avait entendu i. se leva j. se rendit k. ramassa l. cacha m. abandonnèrent n. avaient prévu o. réalisèrent p. avaient disparu q. se mirent r. avait laissé s. put

20 a. fut terminé b. eûmes fini c. eûtes gagné d. furent partis e. eurent entendu f. fut arrivée

21 a. Celles b. celui c. cette d. Cet e. ces f. Celle g. ce h. Ceux

22 a. chez b. au c. en d. à e. Aux f. chez g. à

23 a. pourra ; aura fini b. irez c. choisirai d. Voudras e. aurons rangé ; rentreras f. arrivera ; sera (déjà) parti

24 a. Après que b. avant que c. aussitôt que d. Dès que e. le temps que f. Aussitôt que g. jusqu'à ce que h. dès que i. au moment où j. pendant que

Félicitations ! You've reached the end of this workbook! Now it's time to assess how you did by counting up the icons of each type for all the lessons. Make sure that you've put the sub-totals from each lesson in the boxes below, then add them up to find the total number for each of the three icons.

1. Pronunciation & punctuation

2. Nouns (gender and number) & articles (definite, indefinite and partitive)

3. Pronouns ("en", "y", disjunctive, relative)

4. The imperfect indicative & the present conditional tenses

5. Direct & indirect speech

6. Impersonal verbs & expressions

7. Indefinite adjectives & pronouns

8. The passive voice

9. More on prepositions

10. The pluperfect indicative

11. The past historic tense

12. Demonstrative adjectives & pronouns

13. The simple future tense & the future perfect tense

14. Balancing tenses — *La concordance des temps*

15. Review

Total (all lessons)..

Which icon has the highest total?

Bravo ! You have mastered the first steps of French and are now ready to move on to the next level!

Pas mal du tout... but there is room for improvement. Go back and redo the exercises that gave you trouble, reviewing the information if necessary.

Encore un petit effort ! It's true that French can be a bit tricky! Go through the workbook again and redo the exercises, reviewing the information first. You'll do better next time!

CRÉDITS ICONOGRAPHIQUES : **Fotolia :** eyewave : 51h ; robu_s : 18h ; Sentavio : 54h, 65-4, 65-6, 73b ; Trueffelpix : 11. **Shutterstock :** Amplion ; 63b ; ankomando : 96 ; Antikwar : 6h ; Ara Hovhannisyan : 113-9 ; art.tkach : 108-3 ; Artisticco : 88h ; asantosg : 27 ; Azaze1lo : 43, 65-10, 65-11 ; Beresnev : 117-h, beta757 : 57b ; BlueRingMedia : 20b-1 ; BoBaa22 : 90 ; Chattapat : 33 ; Chernoskutov Mikhail : 5b ; Colorlife : 36 ; Dashikka : 65-2 ; Delices : 37b, 65-8 ; En min Shen : 12 ; Evgeniya Mokeeva : 65-5 ; GoodVector : 20h-1 ; graphic-line : 29, 78b ; gst : 20h-4 ; honglouwawa : 65-1 ; Iconic Bestiary : 45h, 49, 65-12 ; iLoveCoffeeDesign : 37h ; Incomible : 109-6, 22, 28h ; Ivanova Natalia : 20b-3 ; jesadaphorn : 115 ; Julia Tim : 31 ; Kakigori Studio : 78h ; Kanate : 6b ; kmlmtz66 : 82 ; Komleva : 34 ; Ksanawo : 59 ; Lorelyn Medina : 80b ; Macrovector : 14b, 15, 17b, 38, 68, 69, 70, 73h, 74, 93h, 95h, 95b, 100h, 102, 108-6, 113-7, 114 ; MakaCz : 54b ; manukandesign : 109-1 ; Margarita Levina : 23 ; Marina Hernandez : 20h-2 ; Marish : 24 ; marius1987 : 25b-1, 25b-2, 25b-3, 26h-1, 26h-2, 26h-3, 26h-4, 26h-5, 26h-6, 26h-7 ; MaryCo : 7 ; Mascha Tace : 28b, 83 ; Max Griboedov : 14h ; Meilun : 85, 91 ; Minur : 21, 57h ; MSSA : 84, 97 ; MuchMania : 56, 65-9 ; Mushakesa : 109-4 ; MyClipArtStore. com : 67 ; mything : 20b-2, 109-5 ; Naddya : 19h, 109-2 ; nata_danilenko : 63h ; Natalia Aggiato : 5h ; Naty_Lee : 66 ; Neti.OneLove : 88b ; Netta07 : 20b-4 ; NotionPic : 10 ; Oceans : 48h ; Olga_draw : 62, 87 ; Olga1818 : 16, 17h, 25h, 26b, 35, 50, 103, 58, 92b, 112, 117-b ; omnimoney : 79 ; ONYXprj : 113-6 ; palasha : 77 ; phloxii : 94 ; Pretty Vectors : 44 ; Pro Symbols : 113-4 ; ProStockStudio : 48b ; Ramanouskaya : 19b, 109-3 ; RedlineVector : 55 ; robuart : 108-1, 108-2 ; Rosa Puchalt : 107 ; shutterskock dr : 32, 47, 75b, 81, 93b, 110, 109-7 ; SofiaV : 20h-3 ; Spreadthesign : 46b ; SThom : 18b ; Stocklifemax : 98 ; stockshoppe : 39b ; subarashii21 : 86 ; Sudowoodo : 9 ; Supermint : 46h ; Tarikdiz : 108-5 ; Tatiana Gulyaeva : 45b ; The Hornbills Studio : 25b-4 ; Tomacco : 106 ; Top Vector Studio : 113-5 ; Unixcon : 39h ; varuna : 76 ; ; VectorA : 41h ; VectorPlotnikoff : 113-10, venimo : 101, 113-8, Visual Generation : 64 ; Volha Shaukavets : 3, 109-7, vonzur : 92h, Yanushevskaya Victoria : 60, yoshi-5 : 41b, Yulistrator : 65-3, 65-7, Yurchenko Yulia : 108-4, Zubada : 111. **Vecteezy :** funkyboy2014©vecteezy dr : 51b, 100b ; vecteezy-lavarmsg dr : 75h

Mise en pages : Élodie Bourgeois pour Lunedit
Réalisation : lunedit.com
© 2019 Assimil
Dépôt légal : juillet 2019

N° d'édition : 3889
ISBN : 978-2-7005-0824-6
www.assimil.com
Imprimé en Slovénie par DZS en juillet 2019